金城骄傲

兰州道德模范（2014—2015）

主 编 肖兴吉

图书在版编目（CIP）数据

金城骄傲 : 兰州道德模范. 2014—2015 / 肖兴吉主编. -- 兰州 : 兰州大学出版社, 2017.3
ISBN 978-7-311-05134-1

Ⅰ. ①金… Ⅱ. ①肖… Ⅲ. ①精神文明建设—先进事迹—兰州—2014-2015 Ⅳ. ①D648

中国版本图书馆CIP数据核字(2017)第058618号

策划编辑 陈红升
责任编辑 陈红升 王颢瑾
封面设计 郇 海

书　　名 金城骄傲:兰州道德模范(2014—2015)
作　　者 肖兴吉 主编
出版发行 兰州大学出版社 (地址:兰州市天水南路222号 730000)
电　　话 0931-8912613(总编办公室) 0931-8617156(营销中心)
　　　　 0931-8914298(读者服务部)
网　　址 http://www.onbook.com.cn
电子信箱 press@lzu.edu.cn
印　　刷 甘肃澳翔印业有限公司
开　　本 710 mm×1020 mm 1/16
印　　张 6.5(插页2)
字　　数 125千
版　　次 2017年3月第1版
印　　次 2017年3月第1次印刷
书　　号 ISBN 978-7-311-05134-1
定　　价 20.00元

扎实推进社会主义核心价值观建设

中共兰州市委宣传部常务副部长　朱建军

社会主义核心价值观是中国特色社会主义的本质要求，是中华民族复兴的源泉。在新的时代条件下，培育、创新核心价值观的实践路径和实现方式，对于提升核心价值观的公众认同度和社会传播效果，对于实现“两个一百年”奋斗目标，具有十分重大的现实意义和深远的历史意义。

近年来，兰州市以道德模范、“凡人善举和你一起”、兰州好人等评选表彰和学习宣传为载体，大力开展“德耀中华”、“德润金城”、“做文明有礼的兰州人”、“金种子”工程等社会主义核心价值观实践活动，为加快我市改革发展提供了强大的精神支撑和内生动力。

《金城骄傲》一书选录的先进模范人物和事迹，是我市培育和践行社会主义核心价值观，推进公民思想道德建设的一次集中展示。他们来自基层，源自群众，每个人都有感人至深的故事：有的人身残志坚，却爱岗敬业；有的人愈挫愈勇，却至亲至孝；更多的人则奉献社会，大爱无声。他们身上洋溢着感动社会的道德力量，彰显着凡人善举的道德人格，凝聚着大爱无疆的道德魅力。他们用实际行动弘扬了人与人之间的和谐之美，展示了诚实守信、互帮互助的精神风貌，诠释了社会主义核心价值观的丰富内涵。

公民道德重在养成，核心价值观重在培育。在建设“山水兰州、宜居兰州、活力兰州”的新征程中，需要道德的引导、榜样的示范，需要崇尚道德模范、弘扬高尚品德。要在全市上下深入学习道德模范爱岗敬业、锐意进取的精神状态，学习实践道德模范克己奉公、重诺守信的高尚风格，学习实践道德模范乐于奉献、甘守清贫的崇高境界，学习实践道德模范无悔执着、持之以恒的优秀品质。要在全社会营造学习道德模范、关爱道德模范、崇尚道德模范、争当道德模范的浓厚氛围，促进形成树正气、促和谐的良好风尚。

道德模范为我市的繁荣发展贡献了热情和汗水，甚至生命，他们在各自的岗位上、在平凡的生活中赢得了群众的尊重和赞誉。当物欲的强光遮人眼目，当权力的崇拜让人迷失，静下心来读一读这些道德模范的故事吧，他们真诚的付出与温暖的内心会让你重拾感动，拨动你我心灵深处那根最柔软的弦。

培育和践行社会主义核心价值观，是一项久久为功的系统工程，既要不断完善各项制度，又要在落实、落细、落小上下功夫。希望我市继续深化拓展社会主义核心价值观的实现路径，扎实推进社会主义核心价值观建设。

是为序。

2016年5月

目 录

黄河浪尖上的青春绝唱

——记兰州市第三届道德模范“见义勇为”魏玉川

2014年10月1日，在人们欢度国庆佳节的时刻，有一名年轻的大学生却永远地离开了他挚爱的父母、热爱的母校、亲爱的同学。兰州理工大学能源与动力工程学院大二学生魏玉川同学，为救落水少女不幸溺水失踪。经过7天的努力搜索和营救，在10月7日下午，还是传来了不幸的消息，搜救人员在黄河皋兰什川段回水湾处找到了魏玉川同学的遗体。

在水流湍急的黄河岸边，为救一名13岁的陌生少女，魏玉川纵身一跃，没有半点犹豫，这瞬间的动作，源于他内心的品质。有一种精神最为宝贵，有一种精神最为震撼，需要我们付出生命和鲜血，这种精神就是舍己救人。魏玉川同学用自己的英勇壮举，彰显了这种宝贵，践行了社会主义核心价值观，用自己年仅21岁的生命，让我们看到了身边熠熠生辉的生命正能量。

奋力一跃 为救女孩英勇献身

10月1日一大早，兰州理工大学能源与动力工程学院的魏玉川和四名同学相伴走出校门，打算利用国庆假期去兼职打工，锻炼社会实践能力。当天，他们来到安宁区培黎广场参加兼职面试。中午11点左右，他们忙完上午的面试，在一家面馆吃了午餐。吃饭时有人提议，不妨乘着今天休息时间，大家一起步行回学校，沿途还可以拍照留念。于是，这五名关系要好的“90后”大学生，一路有说有笑，漫步来到了北滨河西路七里河黄河大桥西边100米处。

当天是国庆长假的首日，天气格外晴朗，黄河边也聚集了不少散步游玩的市民。他们五人坐在河岸边休息聊天，拍了几张照片，不时还捡起身边的石子打一会儿水漂。突然间，就在离他们不远处的一处石头河滩上，一个女孩不慎滑入了黄河。看见女孩落水，魏玉川毫不犹豫地纵身跃入了湍急的河水救人。事情发生得太突然了，身边的同学只听到身旁扑通一声，转眼一看，魏玉川已经跃入了黄河。由于当时水流的速度非常快，也就是一眨眼的工夫，他已经被河水冲离了岸边。

看到魏玉川和女孩一起被河水卷向河心，同学们和在场的十多位市民一起大声呼救，并立即拨打报警电话求救。而在湍急冰冷的河水中，魏玉川奋力前扑，用左手抓住了女孩，用右手使劲划水。但是，由于水流湍急还有漩涡，魏玉川和女孩都被黄河水无情吞噬。

随后，水上派出所民警第一时间赶到了现场，还带来了十多位冬泳爱好者，大家立即下水进行营救。兰州理工大学的校领导和老师、同学们，也迅速赶到现场协助营救。

转眼间，搜救行动已进行了近四个小时，滚滚的黄河依然东流，而奋不顾身救人的魏玉川和落水女孩却再也不见了踪影。在之后的7天里，兰州理工大学和相关部门始终没有放弃希望，全力展开搜索和营救行动。10月7日下午，还是传来了不幸的消息，搜救人员在黄河皋兰什川段回水湾处找到了魏玉川同学的遗体。

面对危难时的奋力一跃，似乎浓缩了魏玉川21年来的生命历程，他用生命诠释了人生的真谛，用生命绝唱展示了生命光辉，点亮温暖了人们的心房。从小到大，无论是同学和朋友，还是父母和亲戚，魏玉川似乎总在为身边的人着想，竭尽全力帮助他人。在所有认识魏玉川的人心目中，这个朴实憨厚的小伙子最大的特点就是“热心肠”“见不得别人有困难”。正如黄羊川镇党委书记张斌所说：“魏玉川在稍纵即逝的紧急情况下，毫不犹豫跳入水中救人，他的壮举不是年少轻狂的冲动，而是他良好教育和个人修养在危难时刻的集中体现。”

品学兼优 从小到大都乐于助人

一条小溪穿村而过，一排排密密麻麻的白杨树在溪边静静伫立，整个村落显得格外安静。这就是魏玉川的家乡——古浪县黄羊川镇一棵树村卢家湾组。1993年12月，魏玉川就出生在村子里一个普通的农民家庭。

魏玉川的家位于村子中间，院里几间土木结构的屋子虽旧，但每间屋子都收拾得干净整洁。就是在这里，魏玉川度过了他快乐的童年。在邻居和亲友的记忆里，他是一个听话懂事的孩子，懂得父母的辛劳，懂得生活的艰苦。魏玉川时常受到长辈和村人的疼爱和赞许，他在大家的关爱和呵护下一步步成长、成才。

魏玉川从小就是个懂礼貌、守规矩的好孩子。每天大清早，他都会把家里的院子、门前打扫干净，然后背起书包蹦蹦跳跳地往学校跑去。平时一有空闲，他就手捧着课本看呀、写呀。而学习之余，魏玉川就会赶回家里帮父母干农活。每到学期末，邻居们都会看到他捧着“三好学生”的奖状乐呵呵地回来。

古浪县黄羊川镇一棵树万泉小学，学校里绿树成荫，一栋栋教室整齐地排列在校园中。与不少乡村小学一样，一棵树万泉小学条件比较艰苦，到了冬天，每个班都要在教室生火取暖。魏玉川的家离学校较远，但是他每天总是来得很早，特别是在冬天的时候，他始终带着家里的柴，提前来到学校在教室中生火，让同学们来到教室就能感受到融融的暖意。

尽管当时魏玉川自己还是个孩子，但他乐于助人的好名声却已经在学校和村里传开了。他常常替村里的家长接送学前班的儿童，大人们都夸奖这个热心的好孩子。“孩子托付给玉川我们很放心，老师，你就让他领走吧。”时至今日，一棵树村小学教师戴玉莲依然记得当时村里家长们的话语。

小学毕业后，魏玉川来到黄羊川职业技术中学就读初中。每天清晨六点半，魏玉川就会准时来到教室。在初中的三年里，他每年都担任班级的学习委员，并多次被评为“三好学生”“优秀学生干部”。与此同时，随着年龄的增长，早早懂事的魏玉川越来越感受到了父母的艰辛，而学业上的压力也日益沉重，但这一切，都没有改变他从小就乐于助人的“热心肠”。

2008年秋天，黄羊川职业技术中学召开运动会。在田径比赛中，魏玉川的一位同班同学在200米跑步比赛时不小心摔倒，腿部肌肉拉伤。在之后的半个多月，他每天背扶着受伤的同学，从宿舍到教室来回往返，还为这个同学打饭、打水，就像照顾自己的家人一样。

2009年的高中升学考试，魏玉川以687分的优异成绩考上了古浪一中，并被分入重点班学习。如同村里许多同龄人一样，魏玉川自小就饱经了贫困的煎熬和考验，但他总是乐观开朗，从不埋怨生活的艰难。在高中的三年里，品学兼优的魏玉川多次享受了国家助学金。在每次评定国家助学金时，全班同学总是全票通过。

“我享受到了国家助学金，就应该更好地学习，要对得起国家，对得起社会，对得起热心资助我们的好心人，更要对得起自己的良心。”当魏玉川拿到助学金时，这个平时总是乐呵呵的大男生却变得分外严肃。他走上了讲台，面对着老师和全班同学说出了心里话。

魏玉川宿舍的床位位于离门口最近的位置，这个位置是很多同学不愿意睡的，因为开门会有风进来，还比较吵，到了冬天也比较冷。“魏玉川同学主动要求住这个床位，他说，就把好点的床位留给其他的同学。”魏玉川高中班主任尤明堂老师说。

高二分班时，魏玉川选择了理科，继续在理科重点班学习。到了高三阶段，魏玉川的学习成绩更加突出，多次受到了班级、年级和学校奖励。与此同时，他乐于助人的品格，也给老师和同学们留下了深刻的印象。每天做完大量习题后，魏玉川一有空闲就尽力帮助学习上有困难的同学，总是耐心为同学补习难题，从来都不会厌烦。作为即将迎战高考的高三学生来说，真是太不容易了。

2012年盛夏，魏玉川和万千学子一起迎来了高考，但命运却捉弄了这个乐观热心的小伙子。按照平时的成绩，他考取一所二本院校应该不成问题。但让人惋惜的是，他在高考中明显发挥失常，总分数只有400多分。

“高考成绩公布，我差二本线20分，那天晚上家人都聚在一起，他们都希望我去复读，而我那时却想上一所三本院校。母亲的反应最为激烈，她想让我去复读，其实我明白，我让她失望了。”高考结束后，魏玉川在日记中写道。

原本，魏玉川不想复读，不想再给贫困的家庭增加负担。但在母亲的一再坚持下，他复读了一年，最终以501分的优异成绩考入兰州理工大学。在补习的一年里，魏玉川最常挂在嘴边的就是这句话：“等我以后考上了大学，走向社会后一定要回报家人，回报社会和国家。”

在《我的梦，大学梦》的文章中，魏玉川写道，“还记得高三那年，每次月考的成绩都牵动着我的心，有时候成绩下降，会狠狠地责备自己，为什么不努力？那些日子单调苦涩，但却有一种充实的感觉，因梦想而努力会有很大的动力……”，“人生路上难免有挫折，但是就算有再大的困难，自己要坚持努力克服，就一定会有所收获”。

积极乐观　同学们眼中的“萌哥”

2013年秋季，魏玉川以优异的成绩考入兰州理工大学能源与动力工程学院。这个来自武威市古浪县黄羊川镇的青年，在机械电子工程专业二班开始了自己的大学学业。几乎从初入校门起，他就以自己乐观的处事态度、端正的品行和乐于助人的性格，给老师和同学们留下了深刻的印象。

图1　魏玉川生前留影

在老师和同学们眼中，魏玉川是一个成熟稳重又不失活力的学生，总是给人一种积极向上、充满干劲的感觉。他给大家的第一印象，就是很沉稳，不爱出风头，但是时间长了就会发现，他是个非常开朗阳光的学生。他酷爱运动，在同学们中颇具“兄长”的风范，很容易就能成为周围同学的核心。由于平时思想积极上进、学习勤学好问、为人正直乐观，魏玉川成为能源与动学力工程院2013级首批确定的大学生入党积极分子之一。

在大一刚入校时，班级中开始评定申请国家助学金的同学，由于魏玉川的家庭情况比较困难，已经被班里确定了申请国家助学金。但魏玉川主动找到班长，表示一位来自云南山区的同学更加困难，自己愿意放弃国家助学金的申请机会。在后来的学习生活中，大家才发现魏玉川每月的生活费仅有七八百元，就连想买本辅导书，也只能在平时生活中节衣缩食。

魏玉川常常和大家在一起打球、聊天，和大家谈未来、谈人生、谈理想，当谁遇到难题或困难，他总是竭尽全力帮助，是出了名的热心人。魏玉川总是关心周围同学的学习生活，人际关系也很是融洽，班上的同学发生争执或矛盾，都是魏玉川主动上前进行劝解和疏导。

魏玉川就读的2013级机械电子工程二班共有30名学生，清一色都是男生。在这个“小男子汉”的圈子里，大家都知道魏玉川乐于助人。不管谁有困难，只要开口对魏玉川说，他总会尽力帮忙，哪怕手中有活，他也会停下手中的事情帮助别人。

魏玉川平时酷爱运动，自己喜欢打篮球，还常常教同学们打篮球，就连宿舍里也贴着球星的海报。每次班里举行活动时，他都会很开心地报名参加，用他那憨憨的笑声、幽默的语言带动气氛，有他在的地方总是笑声一片。由于魏玉川相貌憨厚可爱，性格阳光又乐于助人，所以大家都叫他“萌哥”。

由于性格豪爽，为人忠厚仗义，魏玉川乐于助人且有求必应，有时候宁愿委屈自己也要帮助别人，不管是宿舍还是班级的同学有困难，他总是积极地伸出援手，从不会借故推脱。从大一开始，魏玉川就一直保持良好的生活习惯，每天总是六点半就起床，叫醒每一位同学，从来没有逃课记录。

9月30日，就在魏玉川见义勇为，英勇献身的前一天晚上，由于宿舍其他同学都去吃饭了，房中只有他和魏军鹏同学两个人，留在宿舍背单词。可能是感觉魏军鹏的心情有点低落，他走过来扶着魏军鹏的肩说：“其实你的努力我们都看在眼里，结果其实不要紧。活着，只要问心无愧就够了。”实在想不到当时简单的几句对话，竟然成了他和魏军鹏最后的交流。

生活艰难　改变不了他的“热心肠”

魏玉川见义勇为英勇献身后，受助女孩的父亲郑志林见到了魏玉川的大伯，禁不住跪下连声道谢，泣不成声。郑志林说，作为受助少女的父亲，他感到无比悲伤和心痛，痛惜失去了养育13年的女儿，更痛惜失去了这么一位深明大义、乐于助人的好青年。

“作为失去孩子的家长，我能体会魏同学家人的感受，是魏同学伸出了援助之手，给了我们帮助和安慰。但无情的流水带走了我可爱的孩子，也带走了勇敢救人的魏玉川同学。”郑志林说，他感谢魏同学让他感受到了人性的善良和社会的温暖，感谢魏同学的家人为社会培养出了这么一位深明大义、乐于助人的栋梁之材，感谢兰州理工大学为社会和国家培养出崇高品格的好学子。

在魏玉川高中所写的作文《我眼中的林则徐》一文中，他说：“林则徐‘苟利国家生死以，岂因祸福避趋之’的著名诗句，抒发了他决心为国家和民族的利益，不怕牺牲个人的崇高思想感情。在我心中，他衷心报国，一身正气，是一个真正的民族英雄。”在《感悟人生》一文中，他说：“人生路上，如果我们什么也不留下，那岂不是太遗憾了。所以我们必须去努力，必须去奋斗，为人生画上精彩的一笔。”

“听到魏玉川为救人被水卷走的消息，我感到很悲痛和震惊，但我一点也不感到意外。这孩子从小就爱打抱不平，见不得别人有困难、受欺负。我相信遇到有人落水时，他肯定会毫不犹豫地冲上去。”魏玉川的表叔这样评价自己的侄子。

一直以来，魏玉川都把这位曾参与汶川大地震救援工作而荣立二等功的表叔作为自己的榜样。他曾多次对叔叔说，自己长大后也要像叔叔一样建功立业，尽全力帮助和支持有困难的人，在自己所从事的工作岗位上，为国家做出应有的贡献。

魏玉川的父亲常年患有胃病，从初中时开始，魏玉川就已经和伯父、舅舅一起在自家的庄稼地里干活了。他从不叫苦叫累，用自己小小的肩膀扛着生活的担子。到了假期，他一回村子，就会赶着去家里和亲戚们干农活——挖蒜苗、铲菜、背菜包，从没叫过苦。

在日记中，魏玉川这样写道：“7月的骄阳似火，我每天7点起床去家里的菜地干活，要做的就是把菜装好，跟大伯、三叔一起将70斤重的菜包背到地外停着的三轮车上。一天下来要铲100多包菜，背20包菜，下午6点回家后，累得没有一点力气。但我明白，再苦也要学会坚持，亦要学会苦中作乐。”

与不少经济困难的农村家庭一样，魏玉川家里只有几间土木结构的屋子。两间屋子能住人，其他的都在漏雨。魏玉川的大伯说："为供孩子上学，魏玉川的父亲和母亲前往青海省海西州打工。父亲每天开着三轮车运输钾肥，母亲在工厂运输皮带上剪塑料。"

为了减轻父母的负担，魏玉川一有机会就会想方设法用打工赚来的钱补贴家用。在假期打工时，他做过修路工人，也做过塑料袋车间的加工工人。就在2014年9月学校开学前，魏玉川还在建筑队打工，抡着镐头和铁锹维修乡村公路，每天要干12个小时。

金城挥泪　送别年轻的英雄

肃穆的菊花，寄托着对英雄崇高的敬意；低垂的挽联，映衬出英雄见义勇为的崇高；凄婉的哀乐，诉说着心中无尽的悲痛。10月11日上午，为救落水少女英勇献身的魏玉川同学的追悼会在兰州市华林山殡仪馆举行。

上午9时，尽管距离追悼会开始还有1个小时，但是前来送别玉川同学的人群已经陆续赶到。追悼厅内布满了花圈及挽联，"沉痛悼念魏玉川同学"的横幅下，是魏玉川同学的遗像，照片中那憨厚的笑容、飞扬的青春，一如往昔。一副"见义勇为品如玉，大爱无疆情似川"的挽联分别挂在两侧。会场中央，魏玉川同学静静地躺在灵柩内，面容恬静，似乎只是在熟睡。素雅的花丛围绕在魏玉川同学遗体的四周，淡淡的芬芳仿佛他崇高的品行。

"英雄的家属来了，请大家给他们让条道！"前来悼念的人们一边后退，一边把目光投向了英雄亲属走来的方向。"呜，呜……"随着轻轻地呜咽声，玉川同学的父母和亲属被人搀扶着走了进来。母亲由于连日以泪洗面，看起来疲惫不堪。他们的悲伤也立刻感染了众人，几位女大学生忍不住失声痛哭。在泪的海洋中，前来吊唁的人群越聚越多。追悼会在上午10时开始，低沉的哀乐缓缓响起，前来吊唁的人们含泪向年轻的英雄道别。

2013年9月，作为大一新生的魏玉川，背负行囊来到了梦寐以求的大学校园。一年零一个月后，这位舍己救人、英勇献身的好学子，却永别校园。但对于魏玉川的老师和同学们来说，那个熟悉的"萌哥"似乎从未离去。

"我曾经当过玉川同学的班主任，玉川是个乐观、纯净、积极的孩子。他很听话，学习也很刻苦。玉川非常值得我们敬佩，他是我们兰州理工大学的骄傲。作为魏玉川的老师，我感到万分悲痛。"兰州理工大学能源与动力工程学院院长冀宏说。

"玉川是我们的好同学，机电二班的好兄弟，你虽然在冰冷的黄河里永远睡去，但机电二班永远是30个人，你不曾远去！"王进才同学说。在同学们的手机里，依然存留着魏玉川同学在大学生活中的点点滴滴。在屏幕上，魏玉川依然在校园中欢笑，在篮球场上奋力奔跑，在整洁的书桌前学习。他与宿舍兄弟的情谊，他幽默开朗的性格、豪爽自信的笑容，给大家带来的温暖和阳光……一切，仿佛都还在。

在那个飘雪的早晨，不少与魏玉川素不相识而被他感动的市民，自发前来悼念玉川同学。“我虽然不认识魏玉川同学，但从报纸上看到了他的英勇事迹，今天就特意赶过来，送送这个舍己救人的好小伙子。”56岁的兰州市民周艳萍说，魏玉川同学用自己的生命完成了见义勇为的壮举，他会永远活在大家的心中。

英雄虽逝　崇高精神永留世间

人应该怎样生，路应该怎样行？见义勇为、英勇献身的兰州理工大学学生魏玉川同学，用他21岁的年轻生命做出了铿锵有力的回答。为救落水的13岁少女，魏玉川毫不犹豫跃入黄河，留在世间最后的画面就是他抓住少女，在漩涡中奋力划水的身影……人们将永远不会忘记，这位学子感人肺腑的英勇事迹。

为了表彰魏玉川同学舍己救人的英雄壮举，党和政府给予了他无数崇高的荣誉。目前，魏玉川已荣登中央文明办2014年11月“中国好人榜”；教育部追授他为“全国优秀大学生”荣誉称号；甘肃省委已批准追认魏玉川为中国共产党党员；省委宣传部、省文明办、省军区政治部、省总工会、团省委、省妇联追授“第四届甘肃省见义勇为道德模范”；甘肃省文明办评选魏玉川为甘肃省“信合杯”第三批“最美人物”；甘肃省综治办、省见义勇为基金会追授他为“甘肃省见义勇为先进分子”；甘肃省教育厅、省高校工委追授他为“甘肃省优秀大学生”；共青团甘肃省委追授他为“甘肃省优秀共青团员”；兰州市委宣传部、兰州市文明办追授他为“兰州好人”“兰州市第三届道德模范”；兰州市综治办、市见义勇为基金会追授他为“兰州市见义勇为先进分子”；兰州市七里河区追授他为“七里河区见义勇为积极分子”；武威市古浪县文明办追授他为“古浪好人”。

魏玉川舍己救人的英雄壮举，引起省内外媒体的高度关注。《中国青年报》《甘肃日报》《兰州日报》《兰州晚报》《兰州晨报》《西部商报》《武威日报》等平面媒体，人民网、光明网、中国甘肃网、每日甘肃网、教育部官方微博、甘肃教育厅门户网、甘肃省高校工委思想政治专题网以及新浪、网易等网络媒体，甘肃电视台、兰州电视台、甘肃人民广播电台等媒体，都对魏玉川同学的英雄事迹进行了跟踪报道，在全社会引起了强烈反响。

为了将魏玉川同学见义勇为、舍己救人的精神不断发扬光大，兰州理工大学在校史馆开辟“魏玉川英雄事迹”专题展区，并开展“玉川班”“玉川林”等纪念命名活动，兰州理工大学校友企业家俱乐部也表示，愿意捐资在校园内树立魏玉川同学铜像，以魏玉川的精神教育、鼓舞全校师生员工自觉践行社会主义核心价值观。与此同时，魏玉川的母校古浪一中、黄羊川职业中学均在校内开辟专栏，对魏玉川的英雄事迹进行了专题宣传。

人们永远也不会忘记，在2014年10月1日中午12：40，年轻的英雄魏玉川在省城兰州的七里河黄河大桥下，为搭救落水少女毫不犹豫地跃入冰冷的河水，用21岁的生命传递了青春的正能量，用自己的美好年华诠释了英雄壮举的含义。他青春的理想和抱负永远凝聚在了那一刻。

正如魏玉川在入党申请书上所说："我觉得一个人独善其身并不够，还应该用自己积极的言行去影响他人，一个优秀的人懂得要最大限度发挥自身的潜力，不仅在自己的岗位上兢兢业业，对周围的人关心爱护，还要切实、灵活地带动大家都来关心国家、集体和他人的利益。"

在父母的眼里，魏玉川是一个孝顺的儿子，知书达理，尊老爱幼；在老师眼里，他是一个好学生，乐观向上，积极进取；在同学眼里，他是一个好榜样，乐于助人；在朋友眼里，他是一个好兄弟，诚信友善……魏玉川同学，一个朴实憨厚、充满活力、富有爱心的年轻人，一个平凡中不平凡的普通大学生，用见义勇为诠释了一个"90后"大学生的人性光辉，用自己的生命践行了社会主义核心价值观。

颜　晨

海归博士的扶贫情怀

——记“第五届全国道德模范提名奖”获得者丁文广

2015年10月13日下午，第五届全国道德模范座谈会和授奖仪式在北京举行。中共中央总书记、国家主席、中央军委主席习近平做出重要批示，向受表彰的全国道德模范致以热烈祝贺和崇高敬意。中共中央政治局常委、中央文明委主任刘云山会见了第五届全国道德模范和提名奖获得者并在座谈会上讲话。中共中央政治局委员、中央宣传部部长刘奇葆参加会见并在座谈会上宣读了习近平总书记的重要批示。兰州大学资源环境学院丁文广教授荣获“第五届全国道德模范提名奖”。

融汇自然科学与社会科学

他是土生土长的甘肃人，他把根深深地扎进西北地区环境建设，他将青春挥洒在那片广袤的黄土大地；情牵贫困人民生计改善，他以知识奉献于祖国最底层的社会改造；关注西部地区大灾大难，他以行动实施灾害救援和灾后重建。他就是兰州大学资源环境学院的丁文广教授。作为一名海归博士，他没有醉心于象牙之塔的晨钟暮鼓，而是将研究的目光投向了如何促进农村贫困地区的发展。

日前，记者相约来到兰大观云楼1308办公室，采访了在百忙之中的丁文广教授。当记者在谈及他的求学经历时，这位在讲堂上侃侃而谈的教授稍微停顿了几秒钟后告诉记者：“我老家在平凉崆峒区（原来的白庙乡），我们姊妹8个，我是老三，当时家里很穷，加上白庙塬上自然条件差，十年九旱，吃了上顿没下顿，几度走到了辍学的边缘。但母亲坚持让我去上学。”是的，他没有辜负母亲的殷切期望，初中毕业后，他顺利考上了平凉一中。1980年，他以优异的成绩考入甘肃农业大学。1991年，他去加拿大留学，是唯一一个留学归国并获得博士学位的白庙人。

说起青少年时光，丁文广动情地说：“母亲的脚下是天堂。”要说今生对他影响最大的人，正是一辈子含辛茹苦养育了他们的母亲。正是出于对母亲和家乡这片土地的深沉而浓烈的挚爱，这位在海内外公益、学术界声名远播的兰大教授，身上依然保留着平凉人特有的质朴与敦厚、勤勉与诚恳。“我小时候的志向很简单，就是梦想着有朝一日能走出这片贫困的山塬，当一个城里人。后来，我如愿以偿去了大城市学习、工作，还去了30多个国家和城市。但我发现，不管走到哪里，家乡的一山一水、一草一木总是萦绕在怀，挥之不去。于是，我就回来了，希望用自己的学识和努力，为改变家乡面貌做一点力所能及的事情。”丁文广说。

图2　丁文广教授在云南做世界银行项目评估

众所周知，我国西北干旱半干旱区生态环境十分脆弱，生态治理和恢复难度大，灾害频发，贫困人口众多。丁文广教授早年毕业于加拿大西蒙·弗莱则大学，被兰州大学作为跨学科人才引进后，他融汇自然科学和社会科学的研究方法，以探索西北贫困社区社会经济可持续发展为己任，带领团队长期从事气候变化应对和环境社会学方面的研究，在这一交叉学科研究中形成了独具特色的专业优势。

为了解决甘肃省面临的贫困与发展问题，丁文广教授在其导师，时任兰州大学副校长陈发虎教授的指导下，以“自然—社会环境与贫困危机研究”为主题，在社会学理论框架和自然科学方法论指导下，应用回归分析、主成分分析、系统动力学模型、GIS及RS等多种定量和定性研究方法，以翔实的资料和第一手案例论述了“自然—社会环境与贫困危机的内部驱动力和外部驱动力”，为环境社会学和自然科学的交叉研究提供了大量可供借鉴的案例及结论，出版的专著《自然—社会环境与贫困危机研究——以甘肃省为例》获得“第十二届甘肃省社会科学优秀成果一等奖”及“第六届高等学校科学研究优秀成果（人文社会科学）奖”。同时，依托于50多个生态治理、扶贫和灾害管理方面的国际合作项目的研究和实践，丁文广教授在国内首次提出了“灾害风险管理—生态恢复—生计改善相关耦合模式”，成功探索出了适合中国干旱区的“认知—减缓—适应的气候变化应对模式”。近年来，丁文广教授在国际和国内学术期刊发表论文100多篇，获得国家知识产权局授予的发明专利和实用新型专利各1项，出版的代表性著作包括《农村环境学—气候变化的视角》《自然—社会环境与贫困危机研究——以甘肃省为例》《环境政策与分析》《生态工程与农民：以农户为本的退耕还林政策研究》及译著《中国的牧区》等，由国家社会科学基金资助的专著《中国穆斯林生态自然观研究》也已经出版。

丁文广教授在十多年的生态保护、扶贫和灾害管理经历中，勇于开拓，致力于贫困地区可持续发展，研究形成了一系列生态扶贫机制及发展模式。其中，在中国首次提出的农村贫困地区可持续发展模式——“灾害风险管理—生态恢复—生计改善耦合模式”，为我国可持续发展战略提供了决策性参考。

早在1997年，丁文广教授在时任中国西部扶贫世界银行贷款项目甘肃办公室主任杨子兴先生的领导下，负责实施了投资额度为14亿元人民币的“中国西部扶贫世界银行贷款项目”。项目中，他借鉴国际发展机构参与性发展理念，结合甘肃省省情，设计了符合甘肃省农村贫困地区实情的参与式扶贫发展模式。该模式将扶贫与生态治理有机结合，为扶贫发展提供了创新机制。

2002年，他又创新性地将灾害风险管理与生态治理及扶贫发展相结合，成功实施了50多个社区生态治理及民生发展项目。这些项目的成功实施提升了丁文广教授对生态治理模式的思考和研究，为后来提出“生态恢复—灾害风险管理—生计改善耦合模式”奠定了实践及理论基础。丁文广教授认为，生态治理需要将民生发展、灾害风险管理、社区文化等因素统筹考虑，而政府的决策支撑系统和善治则发挥关键作用。

2007年1月开始，丁文广教授作为“兰州大学西部环境与社会发展中心”的主任，带领团队致力于气候变化应对和农村社区的综合发展方面的研究与实践，与政府部门、学术机构及国内外发展机构合作，带领团队实施了系列国际发展项目和国内基金会支持的探索性项目，并成功探索出“中国西北干旱区以社区为本的气候变化应对模式”。该模式从认知、适应和减缓三个方面探索农村贫困地区应对气候变化的有效机制，取得了显著成效。该项目获得“2010福特汽车环保奖”节能减排环保奖一等奖。

同时，丁文广教授在甘肃省正在实施的“联村联户”扶贫行动中，将他多年的研究和项目成果凝练为八大经验，通过《甘肃日报》及《社会科学参阅》发表，先后得到50多家媒体转载，获得了普遍好评，为甘肃省正在实施的“联村联户”扶贫项目提供了有益借鉴。因丁文广教授在“联村联户”项目中做出的突出贡献，他被甘肃省委宣传部评选为“五个一百”工程中的先进人物，其事迹以微电影的方式向社会广泛宣传。

科技成果转化为实际应用

将最新科技成果及时转化为实际应用才能最终服务社会，丁文广教授及其团队以实际行动践行了“知行合一”这一原则。

丁文广教授在气候变化应对与能源方面进行了多年研究。针对国标沼气池存在的诸多问题，他从工程设计及保温等方面进行了完善和提升，不仅提高了产气率，减少了二氧化碳排放，而且能够在冬季低温条件下正常产气。他研发的沼气技术获得国家知识产权局授予的发明专利，被科技部收录于《南南合作应对气候变化实用技术手册》，并通过墨西哥坎昆及南非德班举行的世界气候大会推广到发展中国家，为气候变化应对及我国的气候外交提供了可信的一手案例。

丁文广教授将他的沼气发明专利无偿提供于甘肃省的农村贫困地区，推广应用效果显著。此外，他以国际视野和最新环境政策理论为基础，主编了“21世纪全国高等院校环境系列实用规划教材”——《环境政策与分析》。该教材由北京大学出版社于2008年出版，获得了高等院校师生的普遍好评。同时，丁文广教授认为，传统环保文化在生态文明建设中具有强大的生命力，因为尊重与维持文化的多样性是信息时代人类社会共同发展的必然选择，文化多样性是生态文明建设的动力。基于此，丁文广教授花费了5年多的心血，系统调研并整理了中国西北10个少数民族的传统生态自然观，撰写了50多万字的《中国穆斯林生态自然观研究》，这将是利用传统生态自然观推动生态文明建设的一部很有价值的著作。

丁文广教授还十分关注农村环保。由于我国长期为“二元”经济发展模式，中国的农村环保始终未得到足够重视，农村的环保工作面临的挑战大、任务重。为此，丁文广教授组织团队力量撰写了涵盖善治理论、公众参与理论及NGO（非政府组织）视角和国际最新环保理论的教材——《农村环境学—气候变化的视角》。该部著作于2011年出版，为推动中国农村的环保提供了理论支撑。

为政府和国际机构提供咨询

丁文广教授曾先后管理世界银行和国际发展机构的几十个项目，项目资金累计超过了16亿元人民币，他从中积累了丰富的国际发展项目管理经验、理论和策略。为更广泛地促进知识共享，他积极参与到国内外发展项目的交流合作中，先后被世界银行、UNDP（联合国开发计划署）、GEF（全球环境基金）、UN-WOMEN（联合国妇女署），民政部、环保部、科技部、商务部、国家民委以及SEE基金会、壹基金等聘请为项目管理专家、社区组织培育专家等，并于2009年担任科技部同行评审专家和国际经济技术合作专家，2012年9月担任甘肃省减灾委员会第一届专家委员会委员。

在所承担的咨询服务、能力建设和战略规划工作中，丁文广教授为社会经济发展献计献策，做出了积极贡献。他向甘肃省人大提交的研究报告《关于公众参与立法的报告》和《关于建议充分吸收妇女参与公共政策制定过程的报告》，得到甘肃省人大法制工作委员会领导的批示，并得到联合国妇女署的高度肯定。他的研究成果“高铁建设项目对草原生态系统的影响评估”得到《中国经济周刊》的深度报道，该报道先后被国内有影响力的60余家媒体转载，引起了公众的广泛关注，并被甘肃省《舆情信息》和《舆情参阅》上报，得到省长、副省长的批示。工程建设单位在得到省长批示后，积极整改，投资数亿元恢复被破坏的生态环境。

同时，丁文广教授先后受多个国际机构和大学的邀请，前往美国、加拿大、澳大利亚、新西兰，以及欧洲、东南亚、中东等30多个国家或地区参加国际会议及考察活动，受邀做大会主题或专题发言，获得了与会代表的充分肯定。

主持多项国家和国际合作课题

多年来，丁文广教授的科研及发展项目得到了国内和国外机构的大力支持，主持了多项国际合作及国家课题，包括国家科技支撑计划课题“气候变化对沙漠化影响与风险评估技术”、国家社会科学基金后期资助项目“中国穆斯林生态自然观研究”，主持或参与了国家自然科学基金项目和省部级项目10多项，并亲自指挥实施了国际发展机构资助的“5·12”汶川地震灾后紧急救援项目、壹基金资助的“7·22”岷县地震灾后救援和灾后重建项目和其他与灾害管理、环境治理和生计改善相关的综合发展项目50多项。

依托于这些项目课题，丁文广教授及其团队所取得的成果获得了多个荣誉，先后获得甘肃省委和甘肃省人民政府授予的“第十二届甘肃省社会科学优秀成果”一等奖、教育部颁发的“第六届高等学校科学研究优秀成果奖”三等奖、福特汽车（中国）有限公司授予的“2010年福特汽车环保奖”节能减排环保奖一等奖、英特尔公司授予的“2012年芯世界公益创新奖”、壹基金授予的“壹基金灾害救援奖—组织行动奖”，以及甘肃省委宣传部、甘肃省科技厅和甘肃省科协联合授予的“甘肃省科普先进工作者”，兰州大学授予的“2012年‘联村联户、为民富民’先进个人”及“2010年甘肃省环境科学技术奖二等奖”等。

因为丁文广教授在公益发展领域贡献突出，他近年先后获得了“第四届甘肃省道德模范”“陇原先锋岗”“甘肃省科普工作先进工作者”“2013年中国民间救灾贡献奖”“第六届高等学校科学研究优秀成果奖”（人文社会科学）、兰州大学“联村联户、为民富民”行动先进个人，以及中央编译局和北京大学授予的“第二届中国社会创新奖”，环保部和巴西跨国集团“淡水河谷”联合颁发的“淡水河谷”中国西部生态保护创新公众参与项目个人突出贡献奖等18项荣誉。

由于甘肃省贫困地区的农民文化程度低，对科技知识的接受能力较低，丁文广教授将其从国际发展机构学习到的参与式培训方法经过简化凝练，总结出一套适合贫困地区农民的特殊培训方法。他将“灾害风险管理—生态恢复—生计改善耦合模式”和“认知—减缓—适应”的气候变化应对模式转化为通俗易懂的培训教程，通过演小品、竞赛、发小奖品等形式，先后在靖远县、民勤县、安定区和崆峒区，对6.5万多位农民进行田间地头式的科普培训，使农民掌握了科技提高生产力的技能，也使许多青年农民掌握了通过手机短信、“农信通”等服务平台了解最新科技知识的技能。

采访结束时，当记者问到他为什么做了这么多“分内”工作以外的事，他说，作为一名学者，只有将知识和技能及时转化为社会服务，才真正履行“知行合一”的学者使命。他更是提到：“将知识和智慧用于推动社会经济发展，并培育更多的优秀人才，这就是一位兰大教授的中国梦。”从改革开放到现在，三十多年来，中国发生了天翻地覆的变化，但还是有很多的贫苦百姓仍然处于水深火热当中，必须要有人去关注农民，关注这群最接近大地的人们。所以总有这样一群人，数十年如一日，用自己的所见、所学、所得帮助着农民，丁文广教授就是这样一个人，身体力行，知行合一，用自己的奋斗述说着中国梦。他生于农村，更是将自己最大的精力用于农村。这个世界万紫千红，但在这个满脸微笑的中年人眼中，农民们朴素而又幸福的笑容，家人平安快乐地生活，就是最大的幸福。

2016年1月27日，记者从甘肃省民政厅获悉，在民政部命名表彰的第九届“中华慈善奖”101个提名奖中，我省以公私伙伴关系推动精准扶贫（甘肃伊山伊水环境与社会发展中心）获得“最具影响力慈善项目”提名奖，这是丁文广教授和他的“伊山伊水”团队获得的又一个国家大奖。

记者在采访中得知，丁文广教授和他的“伊山伊水”团队还与中国扶贫基金会、壹基金、中国青年生态基金会等机构合作，在平凉招募志愿者近百人，深入贫困山区开展扶贫开发、助学支教、减灾教育、温暖包发放等公益活动，旨在帮助家乡更多的贫困家庭和青少年脱贫致富，实现梦想。

马进帅

情系百姓的警界猛虎

——记第四届甘肃省道德模范达文虎

面对子弹上膛的手枪，他奋勇向前，一个箭步将犯罪嫌疑人扑倒在地；面对一条蛛丝马迹，他见疑不放，连续六个昼夜率队辗转5000多公里，一举打掉一个特大系列入室盗窃团伙……他就是达文虎，兰州市公安局治安管理支队副支队长。

从警二十余年来，达文虎始终战斗在打击犯罪的第一线，先后破获刑事案件1100余起，抓获逃犯100余人，追究刑事责任300余人；追回被盗抢机动车300多辆，累计挽回经济损失3500余万元；破获毒品案件30余起，缴获毒品海洛因1100多克；查处治安案件1000余起，治安处罚1000余人。其中，多起公安部、省公安厅督办案件，被中央电视台及省、市各大媒体宣传报道，赢得了社会各界广泛的赞誉。

图3　达文虎在工作岗位上

百炼成钢：使命和责任就是前进的动力

1969年，达文虎出生在兰州市安宁区一个并不富裕的农民家庭，家里兄弟姊妹多。由于父亲早逝，是母亲含辛茹苦把他们拉扯长大。而母亲为人善良、做事认真的品质，也深深影响了达文虎，使他从小养成了做事严谨、富有正义感和责任心的良好品格。

与很多男孩子一样，达文虎从小就喜欢看警匪片，对侦探破案有着浓厚的兴趣，对警察这个职业也充满了向往。1990年夏天，这个满怀憧憬的少年迈进了高考的考场，他毅然报考了兰州市人民警察学校，向自己的梦想迈出了第一步。

在警校学习期间，达文虎来到安宁分局刘家堡、安宁西路派出所实习。为了学习办案技巧，他每天一大早就来到派出所里，不管哪位民警手头有案子，他都会不知疲倦地跟前跑后，向“师傅”学习调查走访、现场勘查、整理案卷等业务。尽管达文虎家就住在安宁，距离实习的派出所近在咫尺，但他在两个月里仅回家几次，他的认真和执着也感动了派出所的民警们。

工夫不负有心人，经过刻苦的锻炼，达文虎对于治安巡逻、抓捕嫌疑人、做笔录等工作都已经得心应手。对这个办事勤奋、头脑灵活的小伙子，派出所所长和带他的民警“师傅”很是欣赏，希望他能够留在所里工作，但根据当时的规定，院校毕业的学生必须分配到市公安局防暴支队。于是，从警校毕业后，达文虎来到了防暴支队工作。

“公安工作是良心活，扎实干和混日子都可以过，但要对得起自己的良心，对得起这身警服才行！”尽管已时隔二十多年，但达文虎依然记得自己初入警营时，防暴支队的领导循循善诱的教诲。

为了头上庄严的国徽，为了身上神圣的警服，达文虎入队之后，立即开始倾尽全力地训练擒拿格斗等各项业务技能。有一次，在反复苦练技能时，达文虎的胳膊严重摔伤，尽管阵阵剧痛不断袭来，但他依然咬牙坚持，全力投入摸爬滚打的艰苦训练中。

当训练结束后，医生在为达文虎治疗时，吃惊地发现由于他的胳膊红肿得厉害，衣服袖子已经紧紧勒住了肿胀的肌肉，根本没办法脱下来。于是，医生只好把袖子剪开，再给他包扎伤口。从那以后，他成了队里出了名的“拼命三郎”。由于他平时训练刻苦认真、工作责任心强，被队里委以重任，担任所属大队团支部书记。

1995年，达文虎被调到市公安局刑警支队反盗车大队工作，做起了自己非常感兴趣的刑侦工作。达文虎深深明白，这是一支专门侦破盗抢机动车的刑侦队伍，侦破大要案件是常有的事，来到这个集体工作，可以学到更多的知识，得到更全面的锻炼。

从此，达文虎不管走到哪里，都会随身带着一个小笔记本。平日里，他把老刑警们指点的办案经验和注意事项，以及讯问笔录的要点等各种业务知识，全都详尽地记录在小本子上。尽管达文虎踏入警营仅有三年，在此之前从事的是防暴警察的工作，但这个性格倔强的小伙子早已暗下决心：在刑侦工作中，要处处做个有心人，事事做得比别人强。于是，经过刻苦努力，他很快适应了刑侦工作，而且成为队里年轻的业务骨干。

没过多久，达文虎前往广河县追缴涉案车辆，忽然遭到不明真相的群众起哄围攻。但他处变不惊，镇定自若地大声向群众讲明法律依据，并晓之以理、动之以情。最终，他用自己的真诚打动了群众，大家都主动配合他追赃。三天后，达文虎顺利追回了三台被盗的机动车辆，队里的领导不禁感慨道："小达工作上手很快，现在已经能够独当一面了！"

就这样，达文虎扎根在刑侦一线，通过实践锻炼提高工作本领。日复一日，年复一年，达文虎也从当年那个勤奋执着的小伙子，成了机智干练的资深刑警。老刑警手把手的指导、言传身教，使他养成了执着的敬业精神、顽强的工作作风；参与大案要案的侦破，使他养成了敏锐的侦查意识和强烈的责任感，掌握了丰富的侦查经验和工作技巧；分析复杂案情、制定侦查计划，使他养成了缜密的思维、深邃的洞察力；审讯、抓捕犯罪嫌疑人，使他练就了临危不惧的英雄胆识，见疑不放、灵活机智、一查到底、攻坚克难的审讯技能。

临危不惧：奋力擒住持枪歹徒

在刑侦一线，达文虎一干就是十八年。面对穷凶极恶的歹徒，他机智勇敢，从不退缩；面对生命安全受到威胁的群众，他挺身而出，义无反顾；面对风霜雨雪的蹲守，他全神贯注，永不言退；面对大海捞针般的线索排查，他沉着冷静，默默坚守。而从事刑侦工作，就意味着常会面临生与死的考验。2002年，达文虎在抓捕持枪歹徒时，就曾经与死神擦身而过。

2002年5月28日，4名穷凶极恶的持枪歹徒经过多次踩点后，冒充警察闯入了雁滩某小区一位居民家中。在捆绑住受害人后，歹徒们逼其说出了银行卡密码，并把受害人家中钱物抢劫一空，还抢走1辆本田雅阁轿车。由于案情重大，兰州警方立即成立"5·28专案组"，全力开展案件侦破工作。

在案件侦查过程中，达文虎作为专案组骨干成员，在关键时刻创造性地提出了自己的侦查思路，准确锁定了重大犯罪嫌疑人驾驶被抢车辆藏匿于西安某宾馆的信息。2002年6月3日，在抓捕团伙首要分子王某时，他又不顾个人安危，在对方伸手取枪的瞬间，第一个扑上去将其牢牢控制，为彻底摧毁这个恶势力团伙发挥了至关重要的作用，王某、刘某、马某等团伙骨干成员被判处死刑。

"你们要抓不住我们，那西安又要响起枪声了！"落网后的团伙首要分子王某对刑警们说。在潜逃至西安的当天，他们在一家歌舞厅消费，感觉收费太高被老板“宰”了。于是他们一伙就商定，要找个时间把那个老板干掉。这伙歹徒正在策划新的犯罪计划，但兰州刑警已如神兵天降，从案发起仅用了7天时间就迅速将他们捉拿归案，没给他们半点喘息的机会。

“作为一名警察，要有责任感，我是一名警察，就是要抓罪犯的，我要对得起自己身上的警服。”谈到自己深爱的公安事业，达文虎满怀激情地说，他的人生信条是“天道酬勤”，现在得到的是因为以前付出的，有付出才会有回报，只要多一分耕耘，就会多一分收获。

2005年，达文虎被提拔为兰州市公安局便衣侦查支队重案大队副大队长。他充分发挥刑侦工作经验丰富的优势，发挥传帮带作用，培养民警的侦查意识和经营线索的能力，不断提高业务能力和工作水平，为重案大队争创一流业绩发挥了积极的作用。

厚积薄发：全力打造出“尖刀”队伍

2008年，达文虎经过竞争上岗，担任兰州市公安局便衣侦查支队便衣侦查五大队大队长。多年的经验积累和工作思考，让达文虎一上任就游刃有余。来到新的工作岗位，他敢于担当，坚持以提高民警职业能力素质和队伍整体执法水平为主线，从侦查破案的各个环节入手，树立标杆，发挥表率，着力培养和提高每位民警的业务能力。坚持应用科技战、信息战、合成战和证据战，注重发挥刑侦部门“尖刀”“拳头”作用，“快破大案、多破小案”，先后破获了一大批多发性、侵财性案件，摧毁了一个个有影响的犯罪团伙和恶势力团伙。

图4　达文虎带队破案

2009年3月，便衣五大队连续接报以“抱腿”方式系列盗窃金项链的案件。达文虎深深明白，这伙歹徒在光天化日之下嚣张作案，作案地点多为人群聚集的早市，而侵害对象又大多是老年妇女，很容易引起群众心理恐慌。

“破案追赃，就是对群众最好的回应。”仔细研究案情后，达文虎迅速做出部署，带领民警日夜奋战，经过两个多月的艰苦侦查，彻底铲除了以赵某为首的特大系列盗窃金项链团伙，抓获5名犯罪嫌疑人，破获盗窃案件76起，追回赃款赃物共计10余万元，破案事迹被多家电视和报纸媒体报道后，赢得了社会各界的广泛赞誉。

随后，达文虎带队打掉了以朱某某为首的特大造假团伙，一举破获伪造国家机关印章证件案件110起，缴获假证2万件，被中央电视台法制频道专题报道。在2010年“冬季百日行动”中，他连续几个月奋战在工作岗位上，带领民警成功打掉了以张某为首的特大系列入室盗窃团伙，破获刑事案件107起，涉案价值达30余万元。

多年的刑侦工作经验，让达文虎在侦查办案中极为注重策略和技巧。有一次，达文虎侦办一起普通的盗窃案件，由于犯罪事实已经查清，并取得了充分、确实的证据，按照通常情况应该收网结案了。但达文虎从细枝末节中敏锐地发现了疑点，他亲自审讯犯罪嫌疑人，运用心理战术，迫使犯罪嫌疑人提供了重要线索。随后，一举打掉了以陈某为首的特大系列入室盗窃团伙，抓获犯罪嫌疑人4人，破获入室盗窃案件140余起，涉案价值达50余万元。

“从事刑侦工作，一定要注重策略和技巧，做到破案留根、扩大战果。”2011年5月，达文虎在查处一起普通的治安案件时，见疑不放，捕捉到一起持枪贩毒重案的蛛丝马迹，并顺藤摸瓜将毒贩成功缉获，缴获仿六四手枪1支、制式子弹4发，查获新型毒品40余克。

2009年上半年，城关区频频发生校园抢劫案件，达文虎带领民警蹲点守候、摸排线索，很快打掉了以张某某为首的抢劫恶势力团伙，抓获犯罪嫌疑人3名，破获刑事案件31起，及时有效地打击了犯罪分子的嚣张气焰，赢得了学校师生和家长们的赞誉。

对待工作，达文虎一丝不苟，但对待便衣侦查五大队队员们，他却充满了关爱和温情。众所周知，刑侦工作压力大、任务重，但达文虎总是想尽各种办法让队员们身心愉悦，快乐地投入工作。每当听到楼道里有人哼着小曲时，他也会感觉非常欣慰；每当看到有人愁眉苦脸时，他会赶紧上前了解情况，为队员们排忧解难。

对于便衣五大队的队员们来说，每当有队员过生日，达文虎都会准备两个生日蛋糕。一个在中午开饭时，大家一起在食堂吃，还会为“寿星”唱起生日歌，分享快乐。另一个就让队员带回家，和家属一起团聚，高高兴兴地过生日。而每到年终聚会的时候，队里都会把队员们的家属们请上台，衷心感谢家属们的奉献和付出。

达文虎担任便衣侦查五大队大队长四年多时间，在此期间，五大队每年超额完成各项目标任务，2010—2012年连续三年支队目标考核第一名，并被确立为全市公安机关科级执法示范单位。

天道酬勤：一分耕耘，一分收获

2013年，因工作成绩突出，达文虎被提拔任命为兰州市公安局治安管理支队副支队长。走上新的领导岗位，他依然满怀激情，始终保持用心谋事、尽心做事的工作热情，发挥自身长处，以奋勇争先的闯劲和持之以恒的韧劲抓工作、带队伍、创绩效。只要是支队的急难险重任务，他总是冲锋在前；只要是他负责的工作，总能不负重托、不负众望、不辱使命。

来到治安管理支队工作仅仅一年，达文虎带队连续破获3起公安部督办案件、1起全国扫黄打非办督办案件和1起甘肃省公安厅督办案件，其中一起公安部督办案件还被列为“2013年全国治安系统十大典型案例”；全年破获刑事案件26起、治安案件138起，抓获逃犯12人。

2013年6月，达文虎带队破获特大假发票案，查获假发票2045本、126441张，面额达20.2亿元；同年8月，在我市城关、七里河、西固三区连续查获制售假冒汽车玻璃6260片，涉及奔驰、宝马、大众等11个品牌，案值高达500余万元。

在全市治爆缉枪专项行动中，达文虎以强化社会面管控为重点，带领民警加大对危爆物品查缴力度的同时，及时组织对近年收缴的危爆物品进行了集中安全销毁和无害化处理，涉及非法枪支弹药、废旧爆炸物品四大类，有效消除了社会安全隐患。

在2013年“保卫餐桌安全”专项整治行动中，他带领民警严厉打击食品安全犯罪，破获了公安部督办的生产销售有毒有害食品系列案件7起，查获有毒有害食品和半成品800余吨。

多年以来，处于两山夹一河狭长盆地之中的兰州，山脉屏障，冬季无风，烟尘集聚于城市上空无法扩散，污染重、空气质量差成了兰州人的心病。为还兰州人民一片蓝天，近年来，兰州市全面启动了大气污染治理整体战攻坚战。在市委、市政府大气污染治理和冬防工作中，达文虎作为兰州市冬季大气污染治理巡视组成员，不分白天黑夜，强化对重点工业企业、化学品生产企业、重点污染源及四城区重点区域的巡视，深入工厂、街道、社区、建筑工地、垃圾场掌握第一手资料，多方征求意见建议、强化监督检查，有效降低环境风险，杜绝出现重大环境污染事故，为兰州市环境空气质量的改善做出了积极贡献。

针对我市烟花爆竹从业单位多、市场需求量大、安全隐患较多的现实情况，达文虎充分发挥长期侦查破案的丰富经验，在大力开展烟花爆竹安全管理宣传工作的同时，充分利用全国烟花爆竹流向监控信息系统科技平台，对全市烟花爆竹流向进行认真细致的研判，确定了非法储存烟花爆竹的重点区域，为严密防范、严厉打击提供了有力依据。

2014年春节前夕，达文虎带队经过几个昼夜的连续奋战，成功查处一起非法运输、储存假冒伪劣烟花爆竹案，收缴非法烟花爆竹10184件，为历年来收缴数量最多、品种最全的一起案件，有效确保了节日期间人民群众的生命、财产安全。在2014年，达文虎带队破获了食药类、假证类、赌博涉黄类等各类犯罪案件近30起。

从警二十多年来，达文虎先后从事过防暴、刑侦、便衣、治安管理等多个警种的工作。多岗位的工作经历和侦破大案要案的锤炼，使他养成了强烈的责任意识和过硬的职业素养，掌握了丰富的侦查经验和工作技巧。但无论从事哪个警种的工作，达文虎都会努力比别人多付出一点，他始终坚信，只要多一分耕耘，就会多一分收获。

真心为民：时刻把群众放在心中

“群众在警察心中有多重，警察在群众心中就有多重。一些案件在公安机关看来也许是‘小事’，但是对群众来说可能就是关系全家利益的‘大事’，因此，丝毫不能马虎。”自从穿上警服起，达文虎始终秉持着这样的信念。从警二十多年来，尽管达文虎破获了为数众多的大案要案，可给他留下深刻印象的，却是一起案值仅有300多元的手机盗窃案。

2011年5月，年过六旬的李女士在逛街时，手机不慎被小偷偷走了。但让她意想不到的是，就在丢失手机的第二天，市公安局便衣侦查支队便衣五大队的民警就给她打来了电话，说她的手机找到了，小偷也抓住了。由于那天正下着大雨，李女士的家也距离便衣五大队很远，民警还贴心地用车来接她，来队里领回失窃的手机。

“我的手机是个小事，没想到我一个300多元的旧手机，你们都这么重视。”来到便衣五大队后，李女士从达文虎手中接过被盗的手机，不禁又惊又喜。达文虎毫不犹豫地答道：“群众利益无小事，群众的事再小，我们也要办好！”温暖人心的真诚话语，让李女士感动得热泪盈眶。

“我当时觉得，这件事情虽然很平常，但反映出一位普通的老百姓对我们基层执法机关民警的鞭策和鼓励。”回忆起当时的情形，达文虎依然记忆犹新。多年来，对待犯罪分子，达文虎一贯毫不手软，而对待人民群众，达文虎总是温暖贴心。他把群众工作作为推动公安工作的基础工作来抓，带领民警们走街道、进社区、帮扶孤寡老人、资助贫困学生，彰显了一名人民警察的爱民情怀。

从警二十多年，达文虎经历过直面死亡的千钧一发，经历过破获大案要案的充实和喜悦，也经历过情与法的考验。1998年，达文虎面临了一次艰难的抉择。在侦破一起盗窃案件时，随着侦查工作的逐步深入，他发现其中一名犯罪嫌疑人竟然是自己的亲侄子。面对情与法的抉择，达文虎没有丝毫犹豫，而是给兄嫂做思想工作，让他们劝儿子去投案自首。“木已成舟，无法改变，自首是孩子最好的选择。今天他已经触犯了法律，如果现在不教育，以后犯下更严重的罪行怎么办?”最后，他亲自押着侄子，前往公安机关投案自首。

为了建立良好的警民关系，达文虎在工作中一贯坚持对待受害人要态度亲切和善，让受害人感到公安机关是惩罚犯罪、伸张正义的地方；对待犯罪嫌疑人，特别是年纪尚小的，要摆事实、讲道理，用心感化教育；对待犯罪嫌疑人家属，要让他们明白孩子确实犯了错，要赶紧悬崖勒马，免得以后一发不可收拾。

“我们虽然抓捕的只是一个人，但他们身后还有很多亲戚朋友。一旦他们对公安机关有看法，就有可能在情感上产生对立情绪。如果我们换个角度跟他们站在一起，他们就会理解我们的工作。”正如达文虎常说的那样，多年来，他在打击犯罪的同时，还热情关心和帮助受害人，真诚对待犯罪嫌疑人家属，帮助解决犯罪嫌疑人的后顾之忧，使他们重拾生活的信心，真正感受到党和政府的温暖。

在警队里，达文虎是一名意志坚强的人民警察。而在生活中，他有一个幸福的家庭，妻子温柔贤惠，女儿乖巧懂事。在繁忙的工作之余，他只要有时间，就会去看看自己的老母亲。公安工作虽然经常经历生死考验，但达文虎却一直在享受这份工作。就连达文虎的女儿都知道，有两件事是最让爸爸高兴的：一个是破获了案件，另一个是自己考试成绩好。

多年以来，繁忙的工作常常让达文虎身心俱疲，往往回到家里累得连话都不想说。但每当案件取得新进展时，无论是深夜还是凌晨，他都会激动得睡意全无，反复推敲如何开展下一步工作，全力思索办案的策略和技巧。一旦案件告破，给他带来的成就感无以言表，在那一刻，一切的辛苦都是值得的，所有的努力都没有白费。

从警二十多年来，达文虎先后荣立个人三等功4次、嘉奖3次，并且10次被评为优秀公务员；1994年被共青团兰州市委授予“优秀团干部”荣誉称号；1993年、2002年被评为“全市公安系统先进个人”；2007年被评为“市局机关优秀共产党员”；2011年被授予“全省政法系统优秀党员干警”荣誉称号；2012年被授予“兰州市第二届道德模范”“全国公安机关爱民模范”和“全国优秀人民警察”荣誉称号；2013年被评为“首届感动金城十大政法人物”；2014年被授予“第四届甘肃省道德模范”。

从踏入警营的那一天起，达文虎始终情系百姓、真心为民、冲锋在前、敢于担当，视公安事业为生命。面对狡猾的犯罪嫌疑人，他头脑冷静，思维缜密；在随时发生的危险面前，他无所畏惧，冲锋在前；作为一名共产党员，他时刻把群众利益放在心中，竭尽全力为群众排忧解难。他的事迹平凡感人，他的精神催人奋进。

颜　晨

见义勇为的“业余捕快”

——记兰州市第三届道德模范“见义勇为”肖继安

一个人，27年，共抓获482名小偷、歹徒……这并不是一个老民警的优秀“战果”，而是一个普通兰州市民的英雄壮举。从1987年至今，肖继安从未停止与违法犯罪分子做斗争。27年来，他共见义勇为482次，保护了许多群众的生命财产安全。因此，大家送给肖继安一个响亮的名号——“业余捕快”。

图5　肖继安参加全国见义勇为模范颁奖仪式

面对犯罪分子的嚣张，总会有人挺身而出，肖继安就做到了，而且这27年来从未间断。抓小偷、抓歹徒已经成为他生命中不可分割的一部分。在这个城市里，肖继安是个平凡的市民，但他却始终用见义勇为的壮举，谱写着自己不平凡的人生篇章。

27年见义勇为482起

从1987年至今，肖继安共抓获各类犯罪嫌疑人482人。对于肖继安的行为，很多人有过不理解，认为碰见这样危险的事，别人躲都来不及，他还不顾一切地往上冲。也有人劝他，别管了太危险了。但肖继安都听不进去，只要看见小偷在行窃、坏人在为非作歹，他总会毫不犹豫地冲上去。

肖继安第一次见义勇为，是在1987年，当时19岁的他刚参加工作，是一家食品厂保卫科的一名普通保安。有一天，肖继安在厂区值班，看见一辆自行车停在路边，车把上挂着个黑皮包，这时走过来一个男人拎起包就快步走了。直觉告诉肖继安，这个男子可能是小偷，于是他迅速冲出去追赶该男子，一直追到距该地近300米的木塔巷，将该男子追上制服并扭送至派出所，把皮包还给了失主。

事后，肖继安才知道，失主是检疫局的工作人员，那个皮包里装的是检疫公章和相关手续，公章若流出被不法分子利用，后果不堪设想。“这个章子要是被别人拿去可就坏了，你真是帮了大忙了啊！”失主握着肖继安的手连声道谢，激动不已，隔几天还送来了感谢信和锦旗。

“我觉得能把他拿下，我怎么能不管？”回忆起27年前的往事，肖继安依然是义愤填膺。那是他平生第一次见义勇为，也是第一次与歹徒贴身肉搏。但在那个时候，就连肖继安自己也没有想到，自己竟然从此抓歹徒抓上了“瘾”。在之后的二十多年中，见义勇为成了肖继安生活的一部分。

1987年8月的一天，肖继安出门办事途经兰州西站。在新华书店门口，几个小伙子凑在一起左顾右盼、交头接耳，行迹非常可疑。善于观察的肖继安立即感觉有问题，凭着敏锐的直觉，他明白这些人肯定没干好事。

肖继安佯装散步的样子，悄悄靠近了这几个形迹可疑的小伙子，看到他们一边数钱，一边蹲下从袜子里取东西。他距离可疑人员仅有两三米，于是侧耳倾听，终于在只言片语中发现他们打算进行毒品交易。于是，他留心观察这些人的一举一动，就在这几个小伙子掏出毒品进行交易的时候，肖继安毫不犹豫地一下子扑过去，奋力把其中的两人制服，并立即扭送到附近的公安机关。

1993年6月的一天中午，肖继安在西关十字老32路电车站附近吃牛肉面。刚刚走出面馆，他就听见一名老大爷边跑边喊：“快抓住他，他抢了我的眼镜！”同时，一名神色惊慌的男青年正在拼命逃跑。早在几天前，肖继安就听说最近这里发生了好几起石头镜被抢的事件。于是，他装作若无其事的样子，悄然站到了那个抢眼镜的男青年奔逃的道路上。等那人快从自己身边经过时，肖继安一个箭步上前堵住他，并要求交出抢夺的东西。见有人拦路，男青年顿时凶相毕露，向肖继安猛扑了过来。经过一番搏斗，肖继安终将歹徒制服，并扭送至公安机关。失主老大爷事后说，被抢的是自己家祖传了三代的石头眼镜。

1994年8月的一天上午，肖继安乘坐4路公交车时发现一个小偷正在向一名男子行窃，由于小偷过于慌乱将几张百元大钞掉在车厢板上。于是，肖继安便慢慢向小偷靠近，这名小偷又大胆地将手伸进乘客的口袋中继续行窃，肖继安便上去一把抓住小偷的手。看到肖继安只身一人，小偷不甘束手就擒，仗着自己人高马大，便同肖继安扭打起来。几番搏斗后，肖继安终于将小偷制服，并扭送公安机关。

1998年的一天中午，肖继安在西关十字看见围了很多人，神情激愤地说着什么。他走过去一问，才知道有个男子骑自行车每隔几天就在此专抢行人，公安机关设伏抓了几次都没抓住。就在刚才，那名男子又出现了，抢走一位行人的眼镜后骑车逃跑了。于是，肖继安暗下决心，一定要将这个犯罪分子抓住，为民除害。从此，肖继安一有空闲就来到这里，耐心地徘徊、守候，等待歹徒再次出现。时隔不久，在一个星期天的下午，街上行人很多，肖继安猛地发现有个中年男子骑着自行车来回慢慢游荡，看起来行为极不正常。经路边买饮料的摊主辨认，该男子正是多次抢夺行人财物的那个人。就在这时，该男子忽然加快车速，冲到另一男子身后并顺手抢夺下他的眼镜，准备逃跑。早有准备的肖继安立即冲上去，一把将那人从自行车上扑倒在地，经过一番激烈的搏斗，他将歹徒制服后扭送公安机关。

2011年9月的一天，肖继安在兰州龚家湾菜市场，经过一番搏斗，制止了两名偷盗现金的青年男子；2012年11月的一天中午，肖继安在兰州解放门车站抓获了一名偷钱的中年男子；2013年1月5日晚上，肖继安途经兰州西站天桥时，发现一名中年男子将一名女孩的手机盗窃，肖继安将歹徒成功制服后扭送西站“110”……

日复一日，年复一年，肖继安就这样在公交车上、马路上、市场里，盯着那些形迹可疑的小偷、歹徒，随时准备与这些不法分子做斗争。从1987年至今，作为一位普普通通的兰州市民，肖继安27年来共抓获各类犯罪嫌疑人482人，使许多群众免受财物损失。因此，大家送给肖继安一个响亮的名号——“业余捕快”。

时光如水般流逝。不知不觉间，肖继安也从一个青春飞扬的小伙子，变成了一位沉稳干练的中年人。回顾自己二十多年来见义勇为的经历，肖继安的感觉是无怨无悔。“我觉得我这辈子就这样了，这件事我会继续坚持下去，我觉得值。”

邪不压正　与小偷、歹徒搏斗从未受伤

一个人，27年见义勇为482次，抓获482名不法分子，这样的事迹让人们惊叹！

经常有人问肖继安："你每次抓歹徒，同歹徒贴身搏斗，面对危险难道不会害怕吗？"每当听到这样的问题，他总是笑着说："每次遇到的都是'突发事件'，那么危急的时刻，容不得我多想，我只能往前冲，我不能看着群众的人身财产安全受到威胁而置之不理。做这些事，我什么也不图，什么也不求，就是想把犯罪分子绳之以法。多年来，我一直就是这种性格！"

在肖继安27年的见义勇为中，最危险的一次是在1989年的一个夜晚。当时21岁的肖继安，回家时路过兰州西站1路公交车站，看到有三个小伙将一名准备上车的女青年挤在车门处，强行掏她随身携带的背包。他立刻冲上去大声呵斥，并与三个歹徒搏斗起来。身手敏捷的肖继安很快制服了其中两个人，但就在这时，走投无路的第三个歹徒从怀中掏出一把枪刺，用力刺向了肖继安左胸心脏部位。

由于猝不及防，肖继安只来得及下意识的一侧身，枪刺从他的腋下穿过，刺透了他身穿的皮夹克和毛衣，锋利的刺尖几乎触到了他胸口的皮肤。死里逃生的肖继安连忙向旁边一跳，顺势一脚踢中这个歹徒，疼得歹徒蹲下身去。另外两个歹徒看到这个情况，吓得撒腿就跑。

最终，经过生死搏斗，他制服了这个穷凶极恶的持械歹徒，并扭送西站派出所。办完手续，他才注意到自己的新皮夹克被划了一道长长的口子，连内衣也划破了，所幸没有受伤。那件皮衣是肖继安参加工作时，父亲买给他的。而如今，他的父亲已去世多年了。

尽管遭遇了这样的危险，但肖继安继续见义勇为的决心却没有丝毫动摇。他总是说："有很多次同歹徒搏斗，确实挺危险的，但我顾不上害怕，只要看见那些违法犯罪行为在我眼皮底下发生，我气愤得汗毛都竖起来了。坏人经常盯的都是妇女、老人、小孩这些弱者，遇到这些事情他们都不敢吭声，总得有个人出来保护他们吧！"

27年来，肖继安现场抓获482名小偷和歹徒。而在肖继安的482次见义勇为事件中，他却从来没有受过伤。在获得见义勇为模范称号的英雄们中间，这也是比较罕见的。

从13岁开始，肖继安就坚持每天锻炼身体。成年后，由于他经常与犯罪分子贴身肉搏，为了提高自己抓贼的效率，以及尽量避免受伤，锻炼身体成了他每天的必修课。由于喜欢武术和擒拿术，肖继安常常自己买书研究武术套路，一有

时间就刻苦练习。日复一日，年复一年，尽管肖继安并没有经过系统的学习，也没有得到名师的指点，但经过自己的揣摩和苦练，让他练就一身“好功夫”，在与犯罪分子的较量中游刃有余、身手不凡。

“我锻炼身体大半就是为了抓坏人，常常会买一些书籍来看，也专门研究一些与歹徒搏斗时的技巧性动作。不谦虚地讲，我一个人对付两三个歹徒还是没问题的。”如今，尽管肖继安已是不惑之年，但他依然坚持每天、每周锻炼身体，练习武术和擒拿套路。多年的积累，使他往往在几招之间，就能制服歹徒。

“有一次也是在公交车上，我眼睁睁看见一个小偷在行窃，过程中钱都掉在地上了，我上前抓住他时，问失主是否丢钱了，那个失主可能害怕车上有小偷的同伙报复，一个劲说他没有丢钱。听失主这么说，那个小偷一下子来劲了，冲着我大吼，说人家根本就没有丢钱，他也没有偷过钱。后来，还是车上的一些乘客谴责起那个失主，他才改口说，就是他丢了钱，然后跟我一起把小偷扭送至公安机关了。”肖继安说。

肖继安始终觉得，遇到犯罪行为时，应该有人勇敢地挺身而出、见义勇为。与此同时，失主也应该勇于和邪恶势力斗争，尽可能到公安机关作证，以对小偷进行惩处。他始终相信正义的力量，始终相信永远都是邪不压正！“在我的482次见义勇为事件中，有一部分歹徒会做殊死抵抗，也有一部分歹徒，你大喝一声，他就有可能束手就擒。所以，大家遇到需要帮助的紧急情况，要勇敢站出来，共同来维护社会正义。”

2002年1月，肖继安路过龚家湾一居民楼，恰逢几个住户惊慌失措地说刚才家里被盗了。肖继安连忙询问情况，有居民指着不远处几个奔逃的男子说：“小偷刚跑出去，就是前面那些人。”肖继安闻言立即大步追了上去，一边追一边回头问：“你们咋不抓？”“这些人都是亡命徒，我们害怕！”听到居民这样的回答，肖继安喊道：“邪不压正，有啥可怕的？快跟我去抓贼！”于是，几位居民紧跟肖继安追去。经过奋力追赶，肖继安和居民们终于追上了小偷。最终，肖继安和居民们把几名小偷制服，并扭送至公安机关。

常年捉贼　练就“火眼金睛”

“我就是想抓坏人，看见小偷或歹徒从事违法行为，我不由自主地就想冲上去。”肖继安的骨子里，仿佛充满了热血和正义，他经常会专门为了抓小偷而乘坐公交车，这似乎已经成了他的一种习惯，一种莫名的力量推着他必须这么做。

4路公交车由西关十字开往东岗镇，由于线路较长，途经好几个批发市场，车上经常比较拥挤，还会有不少进货的商贩随身携带大量货款。因此，有不少小偷会在4路车上盗窃乘客的财物。而肖继安为了捉小偷，也经常乘坐这路公交车。

“那是在一辆4路车上，那天，我也是专门为了捉小偷，而乘坐这趟车。当时，我发现一名40多岁的中年妇女用眼神向身边的乘客求助，脸上写满了恐惧，她感觉到有小偷在掏自己的衣兜，但由于感觉到车上有小偷的同伙，因此不敢吭声。”

肖继安一看便明白了，立即挤到这名妇女的跟前，发现这名妇女被身边五六个小偷围在中间，其中一个正在强行从她衣兜里掏东西。看到这样的情形，肖继安奋力上前，牢牢攥住了小偷伸进妇女口袋的手，用力扭向身后，小偷顿时疼得哇哇直叫。听到同伙的叫声，在车内的其他窃贼都挤过来向肖继安动手。肖继安浑然不惧，动手与这几个小偷搏斗起来，几下就将他们制服，并让司机关住车门，直接将这辆车开到兰州市交通治安分局治安队。最后，经过民警仔细排查，从这辆公交车上一共抓获10名小偷。

小偷习惯在什么地方作案？如何认出小偷？又如何抓到小偷？27年与不法分子做斗争的肖继安，早已练就了一双“火眼金睛”。有没有小偷，他往往一眼就能看出来。从多年的抓贼行动中，肖继安总结出了经验：小偷最喜欢出没于热闹拥挤和人们容易放松警惕的场所，如公交、市场、寓所、酒店等。同时，小偷的目光也与常人不一样，他们总紧盯着目标人的口袋、包包或物品等。

27年来，肖继安曾经多次跟踪小偷长达4小时以上，他发现小偷尾随受害人上了公交车，他也赶紧跟着上了公交车，小偷下了车，他也跟着下了车，就这样一直暗中紧紧盯着小偷，常常连中午饭都顾不上吃，直到把小偷人赃俱获，并扭送公安机关后，他才长舒一口气。尽管感觉很累，脚上也因为长时间的跟踪小偷走动而感觉酸胀，但是他内心是无比高兴的，因为他又一次保护了人民群众的财产安全。

“那些小偷、歹徒，我能抓住他，那我为什么不管？”27年来，肖继安经常穿行在兰州市的大街小巷，义务巡逻，找小偷、抓歹徒。对于自己的行为，肖继安并没有太多想法，也不觉得是多么伟大或是了不起的。但就是这样简单的想法，让这位“业余捕快”一干就是27年。

一开始，肖继安将抓获的不法分子扭送到公安机关的时候，民警总是会问他：“你是干什么的？”久而久之，他也成了公安机关的“常客”，同民警们也都熟悉了，慢慢地都成了朋友。这些民警朋友们常常会对他说：“我们需要像你这样的社会力量，但你一定要保护好自己。”就是这句话让他很感动，也觉得很温暖。

有很多次，当肖继安把小偷送去的时候，民警们会故意当着小偷的面说一句：“你还和我们肖队较量呢。”肖继安明白，民警们称他为“肖队”，这是担心小偷出去以后报复他，让小偷误以为他是便衣民警，以此来避免小偷对他进行报复。

27年的见义勇为，肖继安抓获各类犯罪嫌疑人482人，省、市多家媒体曾多次对他的英勇行为进行过报道。而在民间，他被市民们亲切地称为“业余捕快”“孤胆英雄”。与此同时，在不断地见义勇为中，肖继安还与很多受到帮助的失主成了朋友。“我抓住了小偷，很多失主都感谢我帮了他们，还问我要电话号码，然后我们都像朋友一样相处，每当这个时候，我就觉得很有成就感。”

铁汉柔情　对家人满怀愧疚

即使面对穷凶极恶的持刀歹徒，肖继安也从未胆怯，但一提到自己的家庭，这个“铁汉子”却忍不住哽咽起来：“这么多年来，我知道家里人都担心我，我感觉真的亏欠了他们很多。”

27年来，肖继安抓获482个小偷、歹徒，其中有不少都是被他抓了又遇，遇了又抓。这些人也常常会威胁他，声称要对他进行报复。而家里的妻子和母亲，也是常常担心地说：“你要是有个什么三长两短，叫我们还怎么活?”

1968年出生的肖继安，从小就有一个当警察的梦想，因为在他看来，警察就代表着正义，当警察就能除暴安良。就是这样一个简单的小梦想，让肖继安之后与警察这个行业有了千丝万缕的联系。1985年，肖继安高中毕业后，接了母亲的班，成为兰州某食品厂的一名安保人员，尽管没有当上警察，肖继安还是在自己的工作岗位上尽职尽责。

2001年，肖继安所在的食品厂倒闭，当时担任保卫科科长的他也下岗了。33岁的他，正是上有老下有小的时候，但生活的压力并没有让他退缩，他开始四处打工，当过库房装卸工、公交车售票员，还卖过酒。每一份工作他都认认真真去做，但他始终没有放弃自己“除暴安良”的梦想，总是会分时间和精力，用在见义勇为这项“业余工作”上，无论他走到哪里，就把见义勇为的好事做到哪里。

肖继安说：“我就是这种性格，遇到不平事我不管心里过不去。这和我的性格有关系，也受到了家人的影响，有点‘传帮带’的原因吧。”肖继安的父亲原来是一家工厂的司机。在他儿时的记忆中，经常有人半夜敲家里的门，来找父亲帮忙。“肖师傅打扰您了，家人得了急病，麻烦您往医院送送”“肖师傅，我有个急事，能不能送一下”……而深夜梦中被这呼唤声惊醒的父亲，总是留下一句：“你们好好睡觉，把门锁好，我一会就回来。”然后就消失在夜色中。

对于肖继安多年来持续地见义勇为，一开始，家人们总是担心他的安全，对于他的行为并不理解，也不支持。“母亲担心我的安危，常常劝我多为家人想想，别去管这些事了。‘你自己都没个稳定的工作，就别再给家里添麻烦了’，每次说起这件事，她都很难过，劝我不要再管这些事。劝不住，又让我的叔叔来劝，还是没用。后来母亲就不劝了，每次见到我就说遇事要冷静，注意安全。”

“妻子对这事意见也很大，有时还会说，我为这个家付出得太少。我从单位下岗之后，一直四处打工，没有挣到什么钱，妻子总是责怪我把大部分时间都用在捉小偷、捉歹徒上，让我用那些时间多挣些钱，来补贴家用。对于家人，我确实亏欠了很多。”肖继安说。

肖继安的英勇事迹经过省市多家媒体的报道，也被很多人所熟知。但出乎意料的是，这样的“名气”有时竟会成了他找工作的阻碍。有好几次，肖继安去单位应聘，对方一看他的应聘材料，态度总是非常热情，有时还会惊呼一句：“你就是肖继安啊，怎么还到处找工作呢?”但礼貌地聊上几句后，单位工作人员往往会为难地说：“你这情况我们可不敢要啊，万一出了什么事，我们单位负不起责任啊!”在肖继安的求职中，这样的场景出现过很多次，而他也只能无奈地离去。“我总不能说，我以后不会再见义勇为了，不会再帮助别人了吧!”

肖继安明白，自己抓小偷、斗歹徒的“习惯”既让亲人为他担惊受怕，也给自己家庭带来了不少负担。面对母亲的不安、妻子的眼泪，肖继安感觉很内疚，但满腔的正义让肖继安在遇到犯罪行为时，总是奋不顾身地冲上去。27年来，他制止犯罪的脚步从未停歇。

对于肖继安多年来的见义勇为，他的儿子却感到非常自豪，一直拿爸爸当成偶像。“我儿子现在上初中二年级，平时很喜欢打抱不平，其实我也有些担心，不知道儿子像我一样到底好不好，也会害怕，我的一些行为会威胁到孩子的安全，作为父亲，我只希望他能平安快乐地成长就好。”

有一次，肖继安在接儿子放学回家的公交车上，发现一个小偷正在行窃。与以往无数次一样，肖继安毫不犹豫地冲了上去，制服了小偷扭送去公安机关。下了公交车，他才发现儿子一直跟在自己身边，由于担心犯罪分子认下孩子，日后会伺机报复，便大声对儿子说：“你这孩子，跟着我干啥呢，我又不认识你，走远点!”儿子被吓了一跳，但似乎也明白了父亲的用心，默默地躲进人群中走开了。看着儿子的背影，肖继安的心如刀绞一般难受。

2003年12月，肖继安被兰州市委、市政府授予“见义勇为积极分子”光荣称号。2014年，肖继安先后荣获了第十二届全国见义勇为模范、第四届甘肃省道德模范、兰州市第三届道德模范、8月兰州好人等诸多荣誉。与此同时，肖继安的收获还在于，家人们的态度发生了变化。

“我没有想到，获得了这些荣誉后，我妻子会那么高兴，她总是笑着说，‘你虽然没有给咱们家挣来钱，却给咱们家挣来了荣誉’。我知道，她对我的行为还是认可的。”而肖继安的母亲，用双手捧着他获得的荣誉证书，禁不住老泪纵横：“现在大家认可你做的那些事，要好好珍惜，这是我们一家人的荣誉。”

无怨无悔的“业余捕快”

一个人做好事不难，难的是一直做好事。肖继安见义勇为的好事，一做就是27年。从1987年至今，肖继安在482次见义勇为中抓获小偷、歹徒482人，仅扭送到兰州市交通治安分局的就有170多人。1992年8月，中国第四届艺术节在兰州举行期间，他一人抓获小偷、歹徒40余名，协助破获重大案件10余起。

对于肖继安的行为，很多人都感到不可思议。经常有人问肖继安：“你冲上去和小偷、歹徒搏斗，当时在想些什么？”肖继安的回答是：“我只想一心抓住犯罪分子，不让老百姓受到损失，保护他们的生命财产安全。如果看见小偷在行窃、坏人在为非作歹，而自己没有管，没有伸手帮一把，会让我觉得很不安。”

27年来，在见义勇为时，肖继安从未想过会给自己带来伤害甚至是生命危险，也从未想过是否会给自己带来荣誉。在他的眼里，就是不能容忍坏人胡作非为，不管身在何处，只要自己看见了，就一定要出手制止犯罪行为，与犯罪分子搏斗到底。

面对着犯罪分子的嚣张气焰，有多少人能够挺身而出？肖继安做到了，而且这27年来从未间断。抓小偷、抓歹徒已经成为他生命中不可分割的一部分，只要看见犯罪行为，他总是不由自主地冲到最前面，尽管这不是他的职业，也没有人要求他这样做。在这个城市里，肖继安是个平凡的市民，但他却始终用见义勇为的壮举，谱写着自己不平凡的人生篇章。正是因为有了他这样的人，才让人们感受到了身边灿灿生辉的正能量。

颜　晨

朴实中见真诚的"冬果哥"

——记兰州市第三届道德模范"见义勇为"魏万国

1991年2月，魏万国出生于皋兰县什川镇上泥湾村，是个标准的"90后"小伙子，年纪轻轻的他看起来憨厚朴实且不善言谈。他平时主要务农，在家里的几亩薄田种些应季的瓜果和蔬菜，到瓜果丰收的旺季，他会到市里批发及贩卖水果，卖的时间长了，他的老顾客和熟悉他的人都亲切地叫他"冬果哥"。

图6 "冬果哥"魏万国

义无反顾 数次营救他人生命

2013年12月12日傍晚，兰州这座西北内陆城市已经进入最为寒冷的冬季。就在这一天，一件突发事件改变了很多人的命运，其中就包括"冬果哥"魏万国。当天晚上8点10分，夜幕已经降临，忙完一天生意的魏万国，正准备乘公交车去雁滩找他的朋友。他像往常一样来到53路小西湖立交桥站等候。对兰州熟悉的人都知道，小西湖立交桥北段临近黄河。等了没几分钟，他突然听到身后传来“扑通”一声，就像是什么东西掉进水里的声音，说时迟、那时快，他回过头来一看，发现果然有东西掉进黄河，再定睛一看，黄河中有一团黑影，而且竟然是两个人，随后便听到一柔弱的女声呼喊“妈妈”，感觉像是一对母女。

“不好，有人落水了。”魏万国马上意识过来，此时此刻，周围全都是围观的人，并没有人愿意在这个寒冷的夜晚跳下冰冷的河水去救母女俩，从小在黄河边长大的魏万国略通水性，也来不及多想，就立即翻越护栏，冲下河堤，跳入冰冷的河水中，向落水者游过去。当魏万国游到落水者附近时，发现母女俩紧紧地抱在一起，当他再奋力游到她们面前时，刚要施救，发现两人竟然是用腰带捆绑在一起的，看来不是不小心落水，而是想要一起轻生。

情急之中，魏万国只好先拉着其中一名落水者的衣服，拼命向岸边游去……经过十多分钟的营救，魏万国终于将两人拉到岸边，周围热心的群众齐心合力把他们三人拉上水面。可是，蹊跷的事情发生了，就在上岸后，魏万国和周围的群众正准备报警的间隙，母女俩居然趁人们不注意，突然挣脱魏万国的手，再次跳进河水中，魏万国震惊之余又毫不犹豫地再次冲进刺骨的河水中，向她们游去。

由于黄河水流湍急，暗涌和漩涡很多，母女俩跳入了一个漩涡，形成死水，魏万国这次使出全身的力气都无法将两人拖到岸边，在做了多次的努力又失败后，魏万国决定从顺着河流的方向堵截营救。于是他快速游到岸边，顺着河堤跟着落水的母女向前跑去。他跑到岸边一块凸起的有利地势，立刻再次跳入河水中，拦住了正在向下随波逐流的母女，这次营救终于成功了，他又抓着她们俩奋力向岸边拖去。

当魏万国在水中拖着轻生母女向岸边游时，围观群众中的一名群众主动将自己的围巾取下，一头自己拿着，一头抛向水中的魏万国。这时，接到报警的靖远路派出所民警和消防官兵也赶到了现场。只见消防官兵快速取出绳索，扔到河水中，魏万国抓住绳索后，岸边上的警民合力将魏万国及轻生母女三人拖到岸边。

此时，三次跳入冰冷的河水中的魏万国体力已经严重透支，他筋疲力尽，冻得嘴唇青紫，浑身不停抽搐。派出所的民警立即将魏万国送到警车中，打开暖气供他取暖。

当时在路边帮忙的霍金山夫妇目睹了魏万国跳河救人的过程。霍金山的妻子说，在魏万国下河救人的过程中，她一直抱着魏万国的衣服，当时魏万国把脱下的衣服交给她时，她还问魏万国，衣服中装着多少钱，魏万国却说：“钱是个啥？救人要紧！”说着就跳进河里救人。其实，那天魏万国的衣服口袋里装有卖水果辛辛苦苦挣来的5000多元现金，本打算第二天在去市里进货用的，万一弄丢了不堪设想，然而，他救完人回来后发现，衣袋里的钱分文未少。他说："这社会还是好人多！当晚也遇到了很多好心人，救援现场有人看到我湿透的鞋袜时，主动脱下自己的袜子和皮鞋给我，还有人找了一件大衣给我穿，怕我冻着！"

警方安顿好魏万国的同时，消防战士在八米多高的河堤下面对营救上来的母女进行抢救，但不幸的是，落水者中的那位母亲已经没有生命迹象了，女儿还有微弱的呼吸。由于救护车无法到达河堤，于是消防官兵将二人固定在担架上，然后岸边上的民警、消防人员、群众共三十多人合力紧拉绳索，通过扶梯拽拉，将担架拉上河堤。随后，救护车将轻生母女及魏万国一同送往兰州市第二人民医院。魏万国经医院检查后，并没有大碍。他坐在角落里默默地烤干湿透的衣裤后，便悄悄地离开了医院。

不失真我　面对荣誉从容对待

救人后，除了和他一起卖水果的"邻居"知道外，性格内向的魏万国从未向其他人提起此事，依旧过着平静的生活。但是，他救人的事迹还是不胫而走，并且在社会上引起了强烈反响，同时也引起了各大媒体的广泛关注。

2013年12月15日晚，中央电视台4套在21时30分中国新闻栏目以《甘肃兰州"90后"小伙跳入黄河救轻生母女》为题进行了播出。2013年12月27日，魏万国被授予了"兰州市十大见义勇为先进个人"荣誉称号。

魏万国的事迹更在他的家乡皋兰以及皋兰的魏氏族亲中引起强烈反响。2013年12月29日，兰州魏氏文化研究会在兰州魏氏家族发源地——皋兰县什川镇召开大会，会议中宣读了兰州魏氏文化研究会"关于开展向魏万国同志学习的决定"，并给予魏万国一定的经济奖励。

兰州魏氏文化研究会副会长兼秘书长魏列杰表示，魏万国作为魏氏宗亲的年轻一代，三次跳下黄河救人，得到了社会的广泛关注，感动了金城，也感动了什川和魏氏宗亲，也让他所在的魏氏宗亲倍添光彩。在他身上集中体现了中华民族舍己救人的优良传统，是当代青年的楷模和骄傲，他为建设美好家园和传播正能量做出了贡献。什川镇党委副书记魏万全表示，将号召全镇中小学生，尤其是在外打工的年轻人，向魏万国同志学习。一时间，魏万国的事迹变得家喻户晓，人人都夸他是个"'90后'好小伙"。

魏万国救人后，表彰和荣誉接踵而至，在村里也成了"名人"，去他家登门拜访，想看看这位年轻英雄的人也络绎不绝，不善言辞的魏万国对访客都很热情并且有耐心。魏万国的家看起来非常简朴，但是干净整洁，一个充满阳光的农家小院透露着勃勃生气。魏万国的父母是非常典型的憨厚朴实的农民，从他们的眼神中能看到对儿子见义勇为的事感到骄傲和自豪，魏万国获得的奖项和荣誉也被他的母亲小心翼翼地收藏在一个铁皮盒子里，魏万国提起自己的荣誉时略显羞涩，而他的爸爸妈妈却非常高兴。

但是，政府对他的奖励、媒体对他的追捧以及周围人对他态度的改变却没有使魏万国有丝毫的改变，他面对这一切显得很从容，依旧过着自己平凡的生活，依旧早起批发水果、摆摊零售，依旧睡在车上，以前是什么样，现在还是什么样。按他的话说："我只是做了一件本该做的事。"质朴的话语透露着他充满关怀和正能量的内心。

救人的事情已经过去一年多了，他心中只是在意那个被救的姑娘现在好不好。谈起对那次救人的经历，他说："冬天跳进河里的滋味很不好受，当时我的手都冻到没有知觉了，可是被救者的母亲没有生还还是有些遗憾，而且，我也不知道现在那个被救的女孩怎么样了。"魏万国说，事后他一直通过各种媒体打听被救女孩的消息，然而却石沉大海，直到最后也不知道被救母女的姓名。那个被救的女孩也就二十出头，应该和他差不多大，也没有问清楚为什么她们这么决绝，非要三番两次跳河轻生。直到事发一年多之后，魏万国依旧在挂心被救者的近况，并希望那个获救女孩如果方便的话可以主动联系他。

他感动了这个城市　这个城市也感动了他

魏万国救人后的第二天，就患了严重的感冒，连续病了好几天，加上天冷，批发来的400多斤冬果梨大部分发黑变腐卖不出去，只剩下不到四分之一是好的。一些魏万国的老顾客和网友们听说了这个事情后，纷纷自发来到小魏的摊点购买他的冬果梨。然而，小魏却委婉拒绝了这些人的好意，说："我仔细检查了，剩下的100多斤冬果梨的里面也开始发黑，不能吃了……卖出去就是害人！"朋友们听后感动不已，询问他还有什么能帮得上忙的，他腼腆地说出了一个最朴实的愿望："我想把剩下的1000多斤橘子卖完，早点回家过年！"

12月27日，关心魏万国的网友们在微博和微信上发了一条"买点'冬果哥'的水果，让他早点回家过年"的倡议。消息发布出去数日后，立即引来很多热心人的响应，市民、网友陆续自发来到魏万国的摊点前购买他的橘子，帮魏万国排忧解难。"走，去买小魏的橘子去！"一条条短信、一条条微博，传递着滚烫的正能量。

如果说，"冬果哥"魏万国感动了这座城市，身体力行地彰显出见义勇为的榜样力量，那么，这座城市的人们也用另一种特别的方式来感谢他、温暖他。12月30日，几位陌生的网友来到魏万国的水果摊前，一次性买走6筐共240斤橘子。第二天，市民们陆续自发买走魏万国的橘子近300斤。没几天，他的橘子就卖完了，销量是平时的三到四倍。魏万国非常感动，说自从他救人的事迹被广泛传播后，就有一些不认识的好心市民慕名而来，指定要买他的水果，有的尽管买的数量不多，但能感受到市民对他的关怀。个别市民陆续来到魏万国的摊子前，价也不还买上就走。他忙得顾不上来的时候会有人帮他看水果摊，冷得手伸不开的时候会有人主动给他端热水暖手……这些温暖的回报无不感动着他。

“我真的是做了一件应该做的事，没想到政府给了我如此高的荣誉，没想到有这么多的人来关心我……”有位网友说出了大家的心声：“他帮助了别人，我们就应该帮助他，大家互帮互助，社会才有正能量。”大家都“希望‘冬果哥’能早点卖完水果，希望他早日回家过年，与家人团聚”。

魏万国受到各界的嘉奖和表彰后，又通过媒体联系到希望工程，把政府奖励他的钱拿出6000元捐了出去，而6000元，是他将近10个月的生活费。

作为一个水果小贩，收入微薄且不稳定，经常要起早贪黑，非常辛苦。早上五六点起来就要去批发市场买水果，然后再开农用车到摊点贩卖，他挣点钱并不容易。魏万国的家庭条件并不宽裕，家里还有个比他大5岁的哥哥，做点小生意，也因为经济原因至今未婚。很多经济条件比他好太多的人也不一定会捐这么多钱到希望工程，他却憨厚地说：“这些钱本来就是政府奖励的，我想让它用到更需要的地方去。”说起那么多的捐助机构为什么会选择希望工程时，他有点害羞地笑着说：“只是想让贫困的孩子们好好读书。我17岁就出来打工，因为没有文化和知识吃了很多亏，现在不管什么工作都要有知识、有文化才能干，而我本来就没有文化，只能做些力所能及的事，不想让孩子们再像我一样吃没有文化的亏了。”他的这席话，是否让很多所谓的“有文化”的人汗颜呢？

事迹感人　拍微电影受追捧

当魏万国的事迹带给人们感动的时候，也引起了4个“90后”拍客的注意，并以魏万国为其中一个专题拍摄了一部名为《你好，正能量！》的微电影。这是兰州首部纪实类微公益系列短片，以“正能量”为总的公益主题，并投播到各个网络平台，主要致力于弘扬兰州的传统文化，传播社会主义精神文明，用普通人的普通事来传递社会的正能量，引起社会共鸣。

《您好，正能量！》用最为平实的镜头还原了一个真实的“冬果哥”。据拍摄者小金说，他们去年正要打算做一些有关公益的视频，在媒体上看到了魏万国的事迹并深受感动，就通过各种方法联系到了魏万国，魏万国也欣然答应了他们的拍摄要求。小金提起魏万国时总是亲切地叫他“魏兄弟”。“我每次上什川都会给万国打个电话，以前不认识他的时候不知道，一认识就想做一辈子的好兄弟了，真是个大好人。”小金说，他们的短片拍摄了两周左右，陆陆续续从剪辑到成片一共用了一个多月的时间。通过这种网络拍客拍摄的微电影的形式，正能量使者“冬果哥”就这样走进了大众的视野，让更多年轻群体认识了“冬果哥”。

镜头从早上7点魏万国开着“三马子”在小西湖附近出摊开始，片中的魏万国还留着飘逸的长发，与现在精干的短发形成鲜明对比。他在镜头前不说话时很腼腆，带着他标志性的憨厚微笑，说话时很坚定，眼神中流露着坚毅的目光。“……冬天摆摊的第一件事就是把炉子生起来，这样水果就不会冻坏，等顾客来的时候屋里也暖和了，水也开了……当时救人的时候我什么也没想，也顾不上我想，我觉得那就是两条人命，这事我碰上了就不能不管。”镜头又切换到魏万国为希望工程捐款的现场……“我希望拿这些钱去帮助更多像我这样的人，别人都说我是英雄，其实我就是我自己，一个普普通通的90后农民……”虽然整部片子只有2分56秒，但是已经将魏万国的那种“平凡而不普通，微小中的正能量”表现得淋漓尽致。

整部短片也没有刻意去渲染“冬果哥”的英雄事迹，而是采取记录式手法去反映“冬果哥”，朴实中透着真实。即便如此，成千上万的网民还是从这部短片中看到了“冬果哥”闪光的一面，令人意想不到的是，短短一周的时间，这部微电影的点击率迅速飙升到将近12万次。

网友们纷纷点赞，为“冬果哥”喝彩，并踊跃留言。“我觉得，作为一个‘90后’，作为一个普普通通的农民，这个片子让我们更进一步了解了万国的生活，真的没有想到小魏晚上竟然在车里睡觉，他还把政府奖励的钱捐给了别人，应该号召更多的人向万国学习，让社会充满爱……”

“小魏作为一名‘90后’，他的所作所为让人们对‘90后’有了新的认识，为我们‘90后’增光添彩。让大家改变了对‘90后’的偏见。在外人看来困难重重的事情，或者说是需要好好考虑的事情，小魏却什么都不想就去做了，做完以后还能如此坦然，怎能叫人不感动？”

“小魏真爷们儿，这么冷的天，我觉得跳进冰冷的黄河救一次人就已经很危险了，他竟然前后救了三次，我们的榜样！”

“这真的是一份过年礼啊，看完以后心里面很舒服、很暖和，在这个冷漠的社会，依然有人去扶老奶奶，依然有人不顾个人安危三次跳进黄河救素不相识的人，这是一种对生命的爱惜和尊重！”

凡人善举　感动你我

魏万国在紧要关头置自己的生命安危于不顾，挺身而出，多次营救素不相识的人，他用自己的行动谱写了一曲充满正义的壮丽篇章，他的英雄壮举体现了见义勇为和“90后”一代的新风貌，极大地鼓舞了正能量的传递。

谈起对未来的想法，魏万国有些羞怯，但还是说出了自己的愿望。他说自己喜欢开车，以后如果能在兰州当个出租车司机是他最大的愿望。“但是，目前来说还是走一步看一步，人要踏踏实实才能走得稳当。”魏万国诚恳地说。

笑容可掬、憨厚朴实、不善言谈，这就是魏万国，一位“90后”水果摊主。然而，就是这位貌不惊人、不善言谈的小伙子，却用他的踏实和朴实、淳朴和善良谱写了一部救人于危难的青春乐章。从他的身上，人们看到了勇敢、看到了质朴，更强烈地感受到了温暖与正能量。

颜　晨

无所不敢　活出精彩人生

——记兰州市第三届道德模范"敬业奉献"吴敢

2014年被评为甘肃省"自强模范"，2014年被评为第三届"兰州市道德模范·敬业奉献模范"，2014年被评为兰州市城关区"道德模范"，2014年撰写的论文被评为"航天科技集团公司表面工程工艺技术交流会优秀论文"，2013年撰写的论文被第十一届国际真空冶金与表面工程学术会议学术委员会评为"优秀论文一等奖"，2012年获国防科技进步三等奖，2012年被解放军总装备部评为"934工程暨装备科研技术引进先进个人"，2011年被评为"兰州市城关区第二届道德模范"……获得这些荣誉和奖励的都是同一个人——中国航天科技集团公司五院510研究所的高级工程师吴敢。

图7　投身国防科技研发的吴敢

这些还只是近几年吴敢所获荣誉的一部分，事实上，在参加工作至今的21年中，吴敢共受到解放军总装备部、集团、五院、510研究所以及国家、甘肃省、兰州市、城关区等多个单位先后20余次给予不同的表彰和奖励。只是，很少有人知道，吴敢是一位罹患脊髓灰质炎（小儿麻痹后遗症）的残疾人，是一位身残志坚仍在军工科研第一线挥洒青春和智慧的领军之人。

身残志坚　农家子弟走出农门

吴敢出生在定西一个普通的农民家庭，是家中的次子，父亲是铁路工人，常年在外工作，母亲是普通的农民。九个月大的时候，因为一次医疗事故，吴敢不幸罹患脊髓灰质炎，从此落下了终身残疾。随着年龄的增长，逐渐懂事的吴敢感受到了自己的残疾使父母在村中抬不起头，而自己也总是会被一些同龄人捉弄和欺负。面对周围一些异样的目光和议论，面对歧视、嘲笑和病痛带来的孤独，天生不肯低头服输的吴敢在心中萌发了一定要靠自己的努力来摆脱生活困苦的强烈意念，并且随着时间的累积，这种意念也愈发强烈起来。上小学四年级的时候，吴敢背着父母做出了人生中第一次决定，将自己原来名字中赶快的“赶”改成了勇敢的“敢”，以此想提醒自己，要勇敢地活下去，勇敢地面对现实，勇敢地挑战命运。而这也是吴敢在面对任何逆境与挫折时，不断提醒勉励自己不忘初衷、不懈努力的一面明镜。

上初一时，行动不便的吴敢不小心将已经有残疾的左腿摔骨折了。就是这次意外，对吴敢的人生轨迹产生了决定性影响。在家休学养病期间，吴敢无意中发现了在外工作的父亲写给母亲的一封信，信中谈到他们兄妹三人：父亲对哥哥寄予厚望，希望将来哥哥能出人头地、光宗耀祖；对妹妹则给予祝福，希望将来能够嫁个好人家；而对吴敢，父亲则充满着担忧，担心他将来无法自食其力，最大的希望就是今后能有人照顾。看完信，吴敢偷偷哭了整整一个晚上，无助和无望弥漫着内心：“难道我只能是家庭的累赘、社会的包袱吗？我该怎么办？”家庭的贫苦、父母的焦虑让吴敢感觉到未来好无望、好悲惨。这份意外发现的家信，让吴敢陷入了前所未有的沮丧和低落之中，但已经经受了人生挫折考验的吴敢，在冷静思考之后，心中暗暗发誓，无论将来遇到任何困难和挫折，都要用一颗无所不敢的心来迎接命运的挑战，用比旁人更多的努力和刻苦，靠知识来改变自己的命运。

吴敢说，自己并不算很有天赋的人，一路求学的过程靠的就是刻苦。虽然父母并没有对吴敢抱有太多的期望，但自觉与勤奋还是让吴敢收获到了优异的成绩和周围老师、同学的钦佩与肯定。此后，在同学、老师的眼里，吴敢已经不再是那个身形瘦小的残疾同学，而是品学兼优、自强不息的榜样。很多同学更是伸出了温暖的手，帮助吴敢解决因残疾带来的生活不便。上小学时，总有两位同学轮流背着吴敢去电影院看学校组织放映的电影，一背就是五年；上初中时，有位同学一直骑自行车接送吴敢上学、放学，直到吴敢自己学会骑自行车能够独立上下学；高考前一年，吴敢做了小儿麻痹后遗症矫形手术，为了能更好地学习，在康复期间，吴敢就拄着双拐上学了，这时又有一位同学每天默默地用自行车接送吴敢上学，晚自习结束后再送回家，直到吴敢完全康复能够独立正常行走；每到农忙季节，总有好几位同学利用闲暇时间主动帮吴敢干农活……在学校，老师、同学的鼓励像春天一样温暖着吴敢曾经孤独的心，也更加坚定了他要走出去闯出一片天地的决心。时至今日，吴敢仍然对那些热心帮助过自己的老师、同学深怀感激，每次回到家乡都要去探望那些曾给予自己温暖力量，鼓励自己坚强前行的挚友、良师。

1991年高考结束，吴敢以超出重点线34分的高考成绩被东北大学录取。听到这个消息，父亲不敢相信，特意请了假，60多里山路，骑车跑到学校去确认。这一次，曾经为吴敢的将来无比焦虑的父亲终于相信自己的儿子不仅能够自食其力，而且将来一定能够有所成就。而满怀自信的吴敢，此时已经开始憧憬着美好的大学生活。

勇敢面对　自立自强

考上大学，吴敢终于实现了自己人生的第一个重要目标，满怀欣喜和兴奋地走进大学的校门，要开启自己人生的新篇章，但却未曾意料到残疾带来的考验将再次降临。刚进大学校门，校方负责体检的校医看到吴敢残疾的状况，坚决要求学校劝其退学。刚刚开始的大学生活似乎再次蒙上重重阴霾。就在吴敢深感无助之时，班级辅导员和系学生办公室的老师及时施以援手。在了解到吴敢在高考报名体检表上如实填写了自己的身体状况，没有丝毫隐瞒身体残疾后，学校经过研究，终于做出决定，同意吴敢继续留校学习。当时，吴敢在全校万余名学生中是唯一的残疾学生，显得非常醒目，时常被人投以别样的目光。

差点被退学还只是吴敢遭遇到的一点小波澜，正式进入大学生活后，更多的考验扑面而来。新生军训，吴敢一瘸一拐地行进在队伍里，迎接他的是全校师生诧异的目光。为了跟上军训的节奏，吴敢咬牙坚持，不提任何照顾要求，已经经历过这些，对此早已能够从容对待。为了减轻家里的负担，生活费压低到不能再低，四年大学期间，甚至没有吃过几顿像样的肉菜。

真正让吴敢感受到挫折的还是学业，虽然自己的成绩在甘肃省还算不错，但一经与同学交流，才知道自己的录取成绩居然只排到全班倒数第三，更糟糕的是，自己的知识面和眼界在这些同学面前简直是“小巫见大巫”，尤其是英语成绩更是无法与同期入校的同学相比。当初被重点大学录取的喜悦迅速退去，极大的心理落差让吴敢变得越来越不自信，自卑感油然而生，甚至因此产生了弃读大学的想法。

正当迷茫、痛苦、无助之际，老师和同学们给了吴敢莫大的帮助和支持。吴敢至今仍然清晰地记得当时辅导员的话："你怕不怕学习?""不怕!""只要不怕学习就行，别人学一个小时，你学三个小时，别人学一天，你学三天，别人星期天出去玩，你学习好了，这难道还补不回来吗?"昔日的中学同学也来信开导鼓励他："全校那么多毕业生有几个能像你一样考上大学的? 别人羡慕都来不及，你还不想上了！你这是造孽!""不就是学习嘛，难道你还怕学习?""为了咱们的家乡，为了咱们辛苦的付出，死也要死在学校里！"辅导员和同学的话深深触动了吴敢，刻苦模式迅速开启。

近四年的大学时间，吴敢几乎没有出过校门，课堂、图书馆、宿舍成为稳定的学习三角形，以至于对学校所在的城市几乎没有什么熟悉的地方，甚至校园里的某些地方也没去过。英语四、六级考试对吴敢这个西北农村来的学生而言，是最薄弱的课程。为了尽快弥补上自己的短板，吴敢主动向同宿舍一位英语拔尖的同学求教。这位同学毫无保留地将自己的学习经验传授给吴敢，而且还每天督促吴敢自学新概念英语，强化英语作文练习，进行针对性训练。在这位同学的帮助和督促之下，吴敢的英语成绩取得突飞猛进的进步，很快就在大二顺利通过了四级考试。四年埋头刻苦攻读，沉下心来，一门心思学习的吴敢，成绩急速攀升，到毕业时，已经从入校时的全班倒数第三成为大学全部课程总成绩全班第三，并且毕业课成绩班级第一。在此期间，吴敢多次获得学院级奖学金和东北大学"东宇集团"奖学金、"高桥实" 奖学金，被评为东北大学"学雷锋十大标兵——自立自强标兵"，成为物理系办板报的主力成员，更光荣地加入了中国共产党。

毫不迟疑　投身国防科技研发

1995年，吴敢大学毕业，面临找工作的问题。这对身体残疾而又即将迈出校园走入社会的吴敢来说，是人生最重大的一次选择，更是一次艰难的考验。1995年，时逢大学毕业生就业实行双向选择，可以自主联系工作单位，也可以等待组织分配。当时，吴敢有两个选择，一是留校当老师，二是自己联系工作。考虑东北到西北距离遥远，而家中父母双亲已经到了需要照顾的年纪，吴敢希望能联系到回家乡工作的接受单位。很多年后，吴敢回忆当时的选择，都是很实在的想法，一方面怀着尽孝这样一个朴素朴实的想法，另一方面则是觉得专业对口，能够发挥所学所知报效国家、回馈社会。当然，对即将踏进的中国航天科技集团公司五院510研究所，他确实还没有太清晰的认识，对未来要从事的事业更没有什么非常清晰的想法。

吴敢对510研究所的了解最初源自一本杂志的介绍，因为觉得自己的专业和所学与研究所的需要比较吻合，而且研究所就位于兰州，符合自己的想法。于是在经过一番了解之后，吴敢向正在招聘人才的510所投去了自己的简历。20世纪90年代中期，流行一句话叫“孔雀东南飞”，大量人才都向经济发展活跃的东南部地区流动，地处西北内陆的510所正处于急需补充新鲜血液的阶段，吴敢优异的成绩和专业素养正是所里急需的人才。很快，接收确认函就发到了吴敢手里。心情激动的吴敢主动放弃了留校任教的机会，收拾行囊起身返回家乡，憧憬着能在军工科研的第一线施展才能。只是，自己身体残疾的现状仍然使这个即将踏入社会的年轻人心中难免产生一丝隐隐的忧虑。

果然，一经报道，用人单位看到吴敢的残疾状况，开始担心吴敢的身体状况能否适合高强度的科研工作，于是提出要经过1个月的试用期，证明其身体状况不影响科研工作后才能正式录用。这样的情况在上学期间已经遇到不止一次，内心坚强的吴敢下定背水一战的决心。在试用期间，吴敢踏实认真地完成着分配给自己的工作，对每一项工作每一个细节都一丝不苟、毫无懈怠，并且不放过任何一个向所内老员工、老专家悉心求教的机会。吴敢说，自己真的非常感激那些当初热心帮助自己的前辈和领导，他们并没有因为自己的残疾而另眼相看，反而都非常热情地帮助自己。吴敢认真踏实的态度感染了周围的同事，也获得了单位领导的认可，试用期满，单位果断正式录用。此后的21年，吴敢一直在510研究所表面工程技术国防科技重点实验室（国家级重点实验室）从事激光应用技术的研究，其所承担的大面积三维曲面激光刻蚀技术的研发任务不仅使相关研究比肩国际同行，更在航天应用领域取得重大突破，成绩斐然。

屡破难题　突破国外技术封锁

航空航天装备研制中往往涉及大面积三维曲面表面微小图形（结构）的高精度定位及高精密成型，而激光刻蚀技术是目前实现大面积三曲面表面微小图形（结构）的高精度定位及高精密成型的首选技术手段，因此激光刻蚀技术的开发成功及实现应用对我国航空航天装备的制造具有重要意义。从1998年开始，510所承担了大面积三维曲面激光刻蚀技术的研发任务。这项工作可以这样比喻：用一束光将木头里的钉子烧掉但不能烧坏木头。其难易程度可想而知，作为高性能航空航天装备研制的必需技术手段，欧美国家更是对该技术死死封锁。

作为项目负责人之一，在研究所老专家的指导下，吴敢带领研究组的同事们，抱着打破欧美技术封锁、实现国内自主制造并达到国际先进水平的信念和决心，同心协力、加班加点、废寝忘食、克服困难，开始了漫长而艰辛的研发历程。研发过程经历了两年半的可行性研究、四年的关键技术攻关和四年的工程化应用研究。国外的技术封锁，激发了这些国防科工人员的决心和激情，吴敢和同事们一道，发扬“两弹一星”的航天精神，在没有相关技术资料可借鉴和参考的条件下，从基础知识学起，边学边摸索边试验，经过反复论证、验证，几易其稿，确定了最终的技术方案，先后解决了7项关键技术，完成了大量的仿真计算分析和复杂的、长周期的多项环境验证试验。客观地讲，科研工作是枯燥乏味的，十年期间免不了多次出现身心疲惫的时刻，也会有坚持不住想放弃的时候，特别是结果不好甚至没有结果的时候。但每当这时，团队成员们就相互鼓励：“技术原理及方案是没有问题的，要坚信这一点。”“已经走了99步，还有1步，坚持就是胜利。”理清思路、统一思想后，成员们又满怀激情地投入到工作中。

十年磨一剑，大面积三维曲面激光刻蚀技术的研发最终获得成功，填补了国内制造高性能天线的空白，突破了国外的技术封锁，达到了国际先进水平，510所成为国内唯一掌握该技术及实现应用的单位。2011年，激光刻蚀技术在我国某型号卫星上得到了首次应用，激光刻蚀技术的应用填补了我国高技术卫星天线制造技术的空白，实现了相关设备的自主制造，使我国成为继美国之后第二个实现此种高技术卫星天线技术应用的国家。同时，也在我国某新型机载设备的激光刻蚀技术攻关过程中取得了阶段性成果，交付用户的设备组件样机经过了多次飞行测试，进一步提高新型战机的整体性能。目前，该技术不仅成功应用于我国高性能航空航天装备的制造，而且正向着更广泛的领域扩展。目前，除了航天五院以外，总参、空军、航天、航空、电子、兵器等系统的多家单位已与510研究所合作开展相关产品的激光刻蚀研制工作。

作为项目负责人，吴敢还先后承担了6项基础研究项目，同时还参与了10余项其他项目的研究；先后发表学术论文20余篇；与同事们一起申请并受理专利20余项，已授权10项。鉴于在激光刻蚀技术方面取得的成绩，吴敢获得了国防科技进步三等奖，同时被解放军总装备部授予“934工程暨装备科研技术引进先进个人”称号，并获得国家、省、市、区和集团、院、所的各项表彰和奖励20余次。

面对荣誉，吴敢总是说：“作为一名残疾人，我的成长经历艰苦磨砺，能够取得今天的成绩和进步，得益于社会各界人士、各级领导和党组织长期以来对我的关心、帮助、支持、鼓励、培养和信任。在收获事业的同时，我也拥有一个幸福的家庭。当初我的妻子不顾家人的强烈反对嫁给了我，由于我整天忙于工作，所有的家务几乎全部由妻子承担，但她毫无怨言，为支持我的工作和照顾家庭甘愿付出。这些年来，我感觉欠她的太多，我取得的成绩离不开她的支持。”

天行健，君子当自强不息。从一名普通的大学生，成长为国家级重点实验室研究组的负责人；从一名行走不便的残疾人，成长为怀揣航天梦的科研工作者。吴敢这一路走来，在追求梦想的道路上，历经风雨，书写出无所不敢的精彩人生。吴敢虽然身为残疾人，但是始终不自卑、不消沉，始终以积极、乐观的态度和饱满的热情投入到日常的工作、学习和生活中。作为一名党员，处处以身作则、任劳任怨，很好地起到了党员的先锋模范带头作用。平时在工作中总是抢着干活，给别人以方便，对年轻同志言传身教、悉心培养，关心周围的同事，力所能及地为他们排忧解难。这种身残志坚、百折不挠、敬业奉献的精神给人以深刻的启迪：身体残疾并不可怕，自立自强就是真英雄。任何人哪怕是身有残疾，只要勇敢地追逐梦想，梦想都能变成现实，只要在实现人生梦想的过程中，乐观拥抱生活，争当生命的强者，都能用自己的智慧和力量，绘就精彩人生！

徐晓兵

守护贫困孩子上学的“天使”姐姐

——记兰州市第三届道德模范“助人为乐”郭萍

乍一看，郭萍是个非常普通的“80后”女性，透明的镜片下有一双清澈智慧的眼睛，穿着工服的她看起来平易近人，但是说话语速很快，做事雷厉风行，能深刻地感觉到她是个很有主见和想法的新时代女性。

图8　阳光乐观的郭萍

从小立志　编织助学梦想

郭萍从小就是个非常爱读书的女孩，经常在厚厚的书本中随心所欲地编织着自己的梦想，而学校对她来说，更是学习和成长的乐园。说起如何产生帮助失学儿童上学这个念头的时候，她说在她小时候，一个偶然的机会在报纸上看到标志希望工程形象的摄影作品——“大眼睛”。那双对知识充满渴望的大眼睛对她的心灵产生了强烈的震慑，同时也刺痛了年幼的她，她第一次知道原来自己的“小幸福”对于很多贫困地区的同龄孩子而言是那么遥不可及的梦想，从那之后，那双大眼睛就深深地印在她的心里。她暗暗许下心愿：希望自己长大以后，可以尽自己所能，为那些上不起学的孩子圆读书梦！

2002年9月，19岁的郭萍考入华东理工大学。在校期间，在社会公共服务和志愿服务方面的成绩非常突出，她连续三年担任校勤工助学办公室主任，负责全校勤工助学工作，为同学提供勤工俭学机会，她还多次组织同学赴上海市金山区辅读学校担任义工，给身体存在缺陷的孩子带去温暖与关怀。她说，在上学期间组织和参加的各种公益活动，为后来她的爱心助学工作积累了丰富的经验。

践行梦想　救助上千失学儿童

2006年8月，本科毕业后的郭萍进入兰州石化公司工作。上班后的她慢慢有了些积蓄，心中的助学梦就越来越清晰，于是她通过各种渠道寻找需要救助的失学儿童，但是由于各种原因一直没有实现，直到有一次从朋友那里得知，白银市平川区有名叫何鑫的四年级小学生，因家境贫寒即将面临辍学，郭萍心急如焚，立即打听到孩子的具体信息和联系方式后，将学费寄给他，并鼓励他好好读书。孩子的感谢和心中的满足感让郭萍开始在助学之路上走下去，并且越走越宽。

2007年6月29日，正好是她大学毕业一周年的日子，郭萍用上班第一年的薪水又资助了一名小学生。当她为这个小男孩交完学费后，腼腆的孩子将信将疑地问她是否真的可以上学了，郭萍坚定地点了点头，孩子稚嫩的小脸逐渐绽开了笑颜，明亮的眼睛却不断滚落出串串泪珠，她马上心疼地擦干他的泪水，并承诺会一直资助他考上大学。直到她离开，小男孩始终紧紧牵着她的手，舍不得她走。孩子掌心的温度让她清楚地意识到，捐助单个的孩子只是梦想的开始。从那以后，郭萍暗自下决心要为贫困儿童上学的公益事业奋斗一生。

在帮助失学儿童的过程中，郭萍逐渐发现以一己之力资助几个孩子并不是长久之计，自己的能力是有限的，而众人的力量是无限的。“如何让贫困学生得到社会上更多的关注和帮助呢?”郭萍经常在想这个问题。

因为持续地对失学儿童的关注，她终于在网上找到了一个名为“蓝天助学”的公益网站。该助学网站成立于2005年，由甘肃平凉的教师发起，主要是通过网络平台集爱心志愿者之力，为贫困学生和爱心人士搭建捐助平台，提供捐助资料。郭萍通过该平台联系到了一名甘肃山区的贫困小学生，并与其结成了一对一的助学对子。

借助“蓝天助学”这个平台，郭萍认识了很多和她有共同志向的人士，大家有钱出钱、有力出力，不仅付出了自己的财富，更付出了自己的智慧和热情。他们无私地为爱心人士和贫困学生之间搭建沟通的桥梁，帮助更多的学生找到愿意帮助自己的人，让更多有爱心的人找到放心、可靠的捐助渠道。

郭萍想把这些爱心人士集合起来形成更大的力量，因为大多数人是通过“蓝天助学”这个平台认识的，所以后来，她就加入了这个组织并成为一名助学义工。就这样，“助学”成为她业余生活的关键词，她负责网站上“资助情况统计”专栏的更新与维护，并向浏览网站的朋友表明一对一资助学生的情况，同时让资助人了解自己资助的学生是否收到汇款。她把自己的联系方式放在网站首页的服务热线中，随时随地解答热心人士的问题，力所能及地解决双方的困难。

然而，郭萍平时的工作就是烦琐的，中午也不能休息，再加上要操心网站和平时捐助活动的细节，经常不知不觉就忙到了深夜……人都有累的时候，每次觉得力不从心时，她就会想起那双曾经深深触动她的“大眼睛”。好在经过几年的坚持与辛勤耕耘后，网站经营有条不紊，看着询问的人数越来越多，被资助的学生也越来越多，一想到这，她再苦再累也是幸福快乐的。她说，孩子的梦想得到实现就是对她最大的鼓励。

随着逐渐熟悉并了解了网络助学工作的全部流程，郭萍也有了新的想法，她想要更多地投入实践，拓展新的学区，帮助更多的失学儿童。当时的“蓝天助学”已经拥有庆阳、平凉、白银三个学区，作为“蓝天助学”在兰州的唯一一名义工，在这几个学区能帮助的范围显然是有限的，而按照捐助程序，每个待捐助的贫困学生都要由固定的义工与所在学校联系，对其家庭进行实地走访调查，确保信息真实准确无误、符合贫困标准后，方可录入网站的信息库，接受爱心人士的捐助。所以，一方面为了核实困难学生家庭情况，一方面为了拓展更多的学区、帮助更多的失学儿童，实地走访成了必走之路。

郭萍从着眼实际的角度出发，考虑拓展学区的规划，从离兰州市区最近的榆中县入手，开始对贫困学生进行实地走访，了解困难学生的生活学习情况，聆听他们最真实、直接的想法，更有针对性地帮助他们。

从2007年底，郭萍组织社会各界的爱心助学网友，在榆中县进行了多次走访。每个周末，她都约一群志愿者走访贫困地区，寻找需要帮助的孩子并核实情况。山区的条件很艰苦，有的地方甚至连路都没有，车子能到的地方也非常有限，到了土路就换乘摩托车，然而多数情况要走黄土高坡特有的“搓板路”，所以大部分路程都必须徒步，有时甚至要手脚并用……一个小山包连着一个小山包，天晴时尘土漫天，下雨时满地泥泞，徒步走上几个小时，口里是尘土的味儿，眼睛被风吹得泪流不止，脚底被生生磨出了大泡。一路的摸爬滚打，对郭萍这样一个“80后”女孩来说，每次探访都考验着她的体力，山路可谓崎岖艰险，有时一走就是十来个小时，这样的磨炼别说是女孩子了，就算是大小伙子也不一定能受得住。同龄的女孩都在享受休闲的周末时光时，郭萍就是这样奔波在走访之路上。每次助学调查来回都是将近二三百公里的路程，郭萍在周末奔波之后腰酸腿疼也成了家常便饭。女孩子都是爱美的，尤其在她那样的年纪，但是为了孩子们，她到处奔波，常常弄得自己灰头土脸，尤其到了夏天，山里的烈日和风沙让她原本白皙的皮肤变得又黑又红，甚至脱皮，郭爸爸实在看不下去，说再这样下去就快毁容了，然而郭萍仍然不放在心上，风雨无阻。

冬天的探访是最艰辛的，山里头天气骤变是常有的事，刮起的夹带沙土的冷风吹得她泪流不止，脚冻得失去知觉，即便如此，她仍然坚持在雪地里走了八个小时。有一次，因为寻找一个贫困孩子，她连续走了十五个小时、三百多公里的行程，终于到达贫困学生的家。顾不得身体的不适，她以最快速度投入工作，询问学生家庭状况，填写具体的家庭资料表，采集照片……有时一整天助学调查下来，最多也只能走访五六名学生。每次实地探访回来，她不顾休息就赶紧整理采集的走访资料，并输入助学网站。信息录入完毕后，她就记录下自己的走访心得，开始着手计划下一次的走访之路。

截至2008年底，郭萍实地勘察了近百个学生家庭，接触了如榆中一中、榆中九中、清水驿小学、岘坪小学、园子乡中学等多个学校的老师和同学，并深入了解了榆中地区的贫困生状况，积累了大量的图片文字资料，收集了很多珍贵的现场材料，将符合条件的学生情况上传至助学网站，面向广大网友进行公开认捐，并承诺为贫困孩子找到愿意资助其至高中毕业的稳定捐助者，帮助孩子建立求学信念，完成学业。就这样，榆中学区渐渐稳固地发展下来了，从那之后每学期都有源源不断的待助生上网站接受捐助，更多的热心人也加入了义工团队。目前，通过“蓝天助学”网站找到捐助人的贫困学生已经接近八百名，榆中地区的贫困生一百多名，并且有身处榆中当地的稳定义工作为备援力量。

根据这几年下来的粗略估算，郭萍的助学之路已经走了上万公里。就这样，经过她的不懈努力，榆中、会宁、白银、天祝学区被固定了下来，实现了对919名贫困小学生、中学生的结对捐助。据不完全统计，助学总金额已达189万元，为贫困地区小学或中学建立了69个图书室。与此同时，来自各地的学习用具、收音机、衣服等物资捐助也多达70余次，分送到了每个学区。

成立志愿助学服务队　帮助更多失学儿童

2009年3月，郭萍的工作单位组织成立了青年志愿者服务队，在成立志愿者服务队之初，各分队长依据各自的本职工作特点以及之前擅长的志愿工作项目，经协商讨论后划分了各自的工作内容。郭萍任单位志愿者服务队助学工作负责人，这正好是她的强项，她拟定并完善了单位青年志愿者助学工作的各项规章制度及服务流程，将公司青年志愿者工作引入正轨。但是，助学这项工作涉及财务方面的事务比较多，为了取得大家的信任，把助学工作做好做实，她在全公司范围内发起了“每人每月两元钱，山里孩子展笑颜”的助学基金募集活动。活动以自觉自愿为原则，在广大青年志愿者中发扬“滴水成海、集腋成裘”的精神，在不影响大家正常生活的前提下，建立了公司爱心助学基金，首次募集就获得近6万元的捐助款，并将该助学款每年定期募集一次，持续捐助给单位志愿者走访活动中发现的甘肃地区的贫困学生，帮助其完成学业。因在助学工作中的突出表现，郭萍于2009年3月获得“兰州石化公司感动石化魅力女性”的殊荣。

2010年3月，他们又通过该活动征集到了助学基金5万余元，并落实到山区贫困学生的身上。几年下来，这个活动一方面对以前走访过的学生进行持续地捐助，另一方面大力发展新的待助学生，得到学生和捐助者的热烈反响。

捐钱的同时还不忘征集旧电脑，将电脑改造后援建山区电教室，为山里孩子看世界打开了一扇窗，会宁县侯川中心小学就得到了这个帮助。助学志愿服务队和家电维修志愿服务队联合举办了一次“征集旧电脑，改造后援建山区电教室”的活动，服务队向二级单位征集旧电脑，经过志愿者们的巧手拼装和改造，一台台完整好用的电脑又“重生”在我们面前。紧接着，志愿者们又马不停蹄地将这些满载爱心的电脑送往山区，10台电脑就可以援建一个小小的电教室，为没有电脑甚至没有见过电脑的山里孩子提供了硬件设施。

2010年初，郭萍又为会宁县侯川乡中心小学捐赠图书，并成立了以个人名义命名的图书室，为那里的孩子们送去了包括数学、地理、历史、文学等方面的价值3万余元的近1000册图书。之后几年也陆续为甘肃舟曲、庄浪、河口等地的贫困学生筹建了电脑室、图书室。

在这期间，郭萍还和她的义工朋友们发起过一个“你的心愿我实现”的活动，帮助贫困地区的孩子们实现一个小小的愿望。他们为这个活动做了很多准备。活动发起以来，很多爱心人士积极参与，结对帮助孩子们实现愿望。为了表达感谢，郭萍和她的义工朋友们将每个孩子和他们的愿望纸条合影的照片，寄给帮助他们实现愿望的爱心人士留作纪念。

郭萍办公室的抽屉里放着满满的孩子们给她的亲笔信，她帮助过或经她“牵线”得到捐助的学生都亲切地叫她“助学姐姐”，时常给她写信，表达对她的感谢，汇报最近的学习、生活情况。看到这些，郭萍又兴奋又惋惜，她说：“收到孩子们的信很开心，可惜平时工作太忙，好多都没有时间打开看。”

“在我家最困难的时候，您送来了三百元钱，其实那并不是钱，而是您的一份爱心。您的爱心就是深夜里的一缕灯光，在我不知道方向时为我指引道路。”薄薄的几页纸，却承载着重重的感激之情。从小就梦想当老师的张丽燕小朋友，在信中这样写道：“我将会教我的学生用充满爱与乐的眼光来看这个世界，来面对生活中的不如意；我会教我的学生学会感恩，感恩这个世界，感恩自己的生活，感恩生活中像您这样的好人；我也会教他们像您一样去关爱这个世界，关爱这个世界上的每一个美好的生命。”现在当了班长的李瑞文同学也在信中说：“我出生于一个贫困的农民家庭，我的父母都患有重病，丧失了劳动能力，姐姐和我上学都需要钱，谢谢郭阿姨的资助金，让我的生活没有陷入‘黑洞’，我一定要让它有‘价值’……”孩子们不但有了继续上学的机会，还有了难能可贵的感恩之心，很多孩子的梦想是长大后能成为像郭萍这样有爱心的人，能够帮助弱势群体。

郭萍在助学的同时，也给予孩子们鼓励与希望。一个名叫白存盼的孩子，自幼失去母亲，性格内向的他不愿与同学过多交往，甚至有时在学校会受到同学的欺负。郭萍在一次资助回访的过程中了解到这一情况，主动与孩子进行交流，让孩子感受到了母亲般的关爱。现在的他，已经走出了自卑的阴影，性格逐渐开朗起来，也能够与同学们融洽相处。爱已经渗入到这些受助孩子的心间，平凡的举动让爱心传递蔓延，也让孩子们重新找到生活的希望。

无论在工作、生活还是志愿服务中，同事和朋友眼中的郭萍总是那么热情细心、好学上进、坚韧勇敢。在一次志愿服务活动结束后，郭萍接到了母亲的电话，听到电话中传来“咿咿呀呀”的声音，她的脸上露出了幸福的微笑。原来，为了不影响助学活动，郭萍只能舍弃与家人共享天伦的欢乐，狠下心来将嗷嗷待哺的孩子交给母亲看管。朋友和同事们知道后，都为她这种“舍小家、顾大家”的精神打动。说起自己的孩子，郭萍的眼里闪着光，手机的屏保也是孩子的照片，可是为了更多的孩子，郭萍的业余时间并没有能多陪陪自己的孩子。“老吾老以及人之老，幼吾幼以及人之幼”，郭萍将这一传统美德发挥到极致。不管是自己的孩子还是别人的孩子，都有权利受到教育和帮助，这就是郭萍最朴实的想法。

道路尤艰　内心仍甜

现在，郭萍仍然不定期组织自己单位的志愿服务队和“蓝天助学”网站的朋友实地走访，感受真实的山区生活，落实受助学生的真实家庭情况，继续将助学之路走到底。

就这些年的走访活动情况来看，在广大青年志愿者中也引起了强烈反响。来自各行各业的青年志愿者们在看到了贫困生的家庭状况后感触很深，有的主动要求再次捐助，有的在走访归来后写出了饱含深情的走访笔记，有的将助学志愿工作作为自己生活的一部分。

郭萍说，希望有更多的人加入到助学工作中来，共同关注甘肃贫困学生的求学之路，希望今后计划性地逐步发展更远的学区，如定西、平凉等地，最好以后能以兰州为中心，辐射面占到整个西北贫困地区，组织更多的志愿者持续推进助学实地走访活动。“蓝天助学”网站虽然重点关注甘肃助学，但主要活跃的义工多数不在甘肃本地，而是分布在祖国大江南北，只有部分甘肃山区教师，因地制宜地发挥作用而成了该网站在捐助一线的义工。

我省是国内发展相对落后的省份，很多县、区由于地理位置偏僻、经济滞后，面临失学问题的贫困学生不在少数。希望我省的助学与志愿者的工作更加完善与成熟，争取让更多志愿者们有机会实地感受贫困生的生活状况，扩大捐助范围，号召更多的爱心集结在志愿者的队伍中，帮助更多的孩子早日圆梦……这就需要更多的“郭萍”加入到这一行列，让失学的孩子们早日实现上学梦。

从郭萍开始助学之路的2006年至今，她先后被评为兰州石化公司“感动石化魅力女性”；2009年、2010年、2011年连续三年荣获“兰州石化公司优秀青年志愿者”称号；2013年3月荣获中国石油天然气集团公司“十大爱心模范”称号；2013年10月荣获“兰州好人”称号。收起奖杯和鲜花，谈起自己的助学之路，郭萍甜甜地笑说：“看着一个个孩子能有书读、有学上，我自己的心里是满满的幸福和快乐。”

这么多荣誉对她来说是当之无愧的。这么多年来，无论多少艰难险阻，她捐资助学的志愿行动从未间断；无论多少风霜雨雪，她探访核查贫困学生信息的脚步从未停止；无论多少鲜花荣誉，她为了贫困孩子能有学上的初衷从未改变。

这么多年是什么让郭萍心甘情愿地在助学之路上坚持下去？她说，走访时看到那破得不像样的房屋，或年迈或疾病缠身的家人，一张张写着优秀的成绩单和一双双渴望上学的明亮眼睛……这些对她心灵的震撼实在太大了。“人不独亲其亲、不独子其子。”这是我国古代思想家孟子描述的理想社会，谁的家里都有老人和孩子，谁看到也会于心不忍，但是孩子是一个家的希望所在，只要孩子还在上学，这个家就有希望，就有精神支柱……就是这种无私的大爱精神，使得她无暇顾及自己，只能更加坚定地坚持助学之路，希望自己小小的一点努力能改变孩子们的命运。

助学之路是辛苦的，但每一次的风雨兼程都能多让几个孩子继续读书，阵阵暖流就在郭萍的心里涌动。大爱无言，大美无声，她用无私的爱诠释着爱与美的意义，多年来义务为孩子们奉献爱心，给他们生活下去的勇气和力量……大爱方有大美，她在孩子们的心中就是最美的守护天使。助学之路虽然艰难，但是继续前进是她唯一的方向。

华　静

“我永远是九池泉的儿子”

——记兰州市第三届道德模范“诚实守信”方正龙

在员工眼里，他是没有架子的老板；在乡亲们眼里，他永远是那个少小时出门闯荡、年迈时不忘回家的村里人。他将自己多年来挣的3000多万元辛苦钱无偿投入家乡的建设中，他的善举印在乡亲们的心里，让乡亲们热泪盈眶。每当家乡有难处，他第一个站出来。致富不忘乡邻——他，就是兰州市第三届道德模范“诚实守信”模范、优秀企业家方正龙。

图9　方正龙在九池泉村

60年前，出生在九池泉村的方正龙做梦也不会想到，一块穷乡僻壤、不为人牵挂、曾经行将没落的村子，会在30年后发生天翻地覆的变化；方正龙更不会想到，他会把靠自己30多年辛苦打拼挣来的3000多万元巨资无偿慷慨地花到家乡的生态建设、栽树种草、引水上山，甚至就连做梦都不敢想的为老百姓建别墅上。

位于兰州市七里河区西果园镇西南方向的九池泉村，处在典型的二阴高海拔地区，距离市区30分钟车程，直线行走16公里，村上经济作物主要以百合、小麦、马铃薯等为主，收入单一。以前村民走的是一条不及架子车宽的土路，要从山下到村上，得爬完海拔2300多米高的险峻大山，才能到九池泉村。有人说，九池泉村是据高山之巅，不可能有大的发展。其实，在如今已届花甲的方正龙看来，人的力量是无穷的，人是改变自然的最大动能。

也许命运的多舛让方正龙坚定了改变家乡的贫瘠面貌。30年后，方正龙用人生的创业财富和桑梓报故里的情怀，带领村民以愚公移山的精神改变家乡的面貌。方正龙自走出九池泉村的那一刻起，积蓄在内心的能量和执着的创业梦想就始终萦绕在脑海，他睿智的决定、断然的选择，使他的创业和人生从此变得与众不同。

图10　方正龙在工作中

少时离家创业　心中始存家乡

因九个池水汇集而得名的九池泉村，风景秀美，人杰地灵。期间，出生成长在村里的方正龙自30年前走出村子，始终心怀理想、心装百姓，把百姓冷暖常挂心间，用无私大爱、回报桑梓的情怀使村子在30年后发生了翻天覆地的变化。

流失的岁月，如梭的年轮，在直面一个人精彩而又极具传奇的人生世界里，追寻他的创业印记，过往的日子显得弥足珍贵。

1978年，正值改革开放的号角吹响。如何找到自己人生的前进坐标，20多岁的方正龙踌躇满志，他用年轻人独有的睿智和闯劲积极规划着自己的未来，并下定决心准备走出村子去闯闯，看看外面的世界是啥样。

带着满腹豪情，怀着成功意志，方正龙下山来到了熙攘繁华的都市，寻找属于自己的世界。在茫茫人海里，在车水马龙的穿梭中，方正龙显得形单影只，伫立街头，他的内心也曾彷徨。说起当时的情景，直面岁月刻在过往时光的印记，方正龙点燃了一支烟，眼神看上去变得坚毅而又明净如水，这一刻，记者似乎也读懂了一个成功者的内心。

“借我与高山之上兮，我将极目眺望我家乡；给予我力量，我将誓言改变我家乡。”这是镌刻在方正龙内心今生固有的、不能改变的理想情怀，以这样的抱负，他终将在30年后的今天实现改变家乡的夙愿。不放弃、不气馁，是他创业成功并最终打拼出天下的法宝。

“初来乍到，我当时在城里真有点不习惯，但也不能啥事没干就打包回去，心里着急，就想找点事干，苦于自己吃了没文化的亏，只有找下苦力的活，后来找到建筑工地干活还是靠朋友介绍，就这样，我在兰州市的闯荡算是开始了。”方正龙情深质朴的讲述着他在城市开启的不一样的人生故事。

搬运砖块，搅拌水泥，上墙砌砖……建筑工地凡是看到的活方正龙都干，他就像一头不知辛劳的老黄牛一样，从日出劳作到日落，高强度的劳动对于当时只有二十出头的方正龙来说，无疑是超负荷的。不经历风雨，就难见彩虹，方正龙用这样的比喻激励着年轻的自己艰难前行。

期许、希冀、梦想、改变，奋战在工地的日子，让年轻的方正龙由瘦弱变得强壮有力。他宽阔的臂膀可以遮风挡雨，他年轻的心智得到了锻造，磨炼使他更加坚定了创业的梦想。确信梦想成真的信念让方正龙成熟了许多，他逐渐适应了建筑工地的工作环境，工作干得得心应手，工地老板也开始关注方正龙。年轻、能吃苦、善钻研是方正龙的优点，正是凭借这样的优势，方正龙在打工半年后得到老板赏识重用，破格提拔成工地负责人。

往后的时光在不知不觉中将年轻的方正龙从幕后推到了台前，他以无畏的勇气战胜了创业恐惧，他以坚定的理想信念开启了自己传奇不凡的精彩人生。

勤俭能持家　诚信赢天下

时光荏苒，到了20世纪80年代，改革的洪流让年轻人下海创业的激情越发强烈，方正龙也筹划着自己成立建筑公司，以求成为商海逐浪的弄潮儿。经朋友介绍，方正龙通过挂靠有建筑资质和信誉良好的建筑公司，成为建筑公司的分公司，当上了分公司的老板。

成立公司后，他的公司很快成为建筑市场的宠儿，不仅揽到的活多、标的高，而且工程建筑质量和口碑更是得到业主单位一致好评，相继开发的工程遍布兰州市七里河区、城关区、西固区以及周边地区。对于现在所拥有的丰硕成果，方正龙当初的选择以及创业初期的付出是值得的。也许，命运的天使看到了方正龙的不容易，让他在建筑市场不被看好的领域掘到人生的第一桶金。

一个好汉三个帮，在方正龙取得成功的背后，除了得到家人的支持外，还有合作伙伴给予的帮助。为了致富家乡的梦想得到实现，方正龙苦中作乐，在20多岁的青春年华中，他得到了人们的尊重，得到了社会的认可，同时也得到了家乡父老的爱戴。

几多春秋，时如过隙。转眼间，方正龙在城市逐渐立住了脚跟，公司发展也进入了快车道，在巩固老客户的同时，他把发展的触角和目光投向了更远，在与志同道合的朋友一起谋划公司新的未来的同时，他的心中始终装着家乡的发展，尤其是家乡缺水的困难。

从方正龙离开家乡到兰州市创业那一刻起，他就始终关注着家乡的发展，家乡每一个细微的变化都从未离开过方正龙的视野。每一次到村上，方正龙除了关心贫困户乡邻，给予他们帮助外，还经常性地与村上干部交流村子发展事宜。当看到村子房前屋后的山脊裸露不堪，当走在通往村子上山的羊肠小道遇上下雨不能出村，雨水几乎将村子与外界隔绝时，方正龙的内心就不能平静，就会情不自禁地发誓要将家乡旧貌换新颜。

“看到眼前光秃秃的山，我的心里就堵得慌。要挖掉穷根，改变九池泉的落后面貌，就得先让山绿起来，用今天的话说，就是搞好生态建设。传说中的愚公能移山，我们还不能叫山绿起来吗？我暗暗发誓，要和大伙一起绿化好九池泉的荒山荒坡。”方正龙说。实际上，早在他的公司开始揽活的初期，他就有意识地把拆迁工地上需要砍伐的树木小心地保护好，一棵一棵地移栽到九池泉来。坚持了几年，那些移栽来的国槐、松柏和果树，已在房前屋后成了气候。

“我那时做的多是承包工程的活儿，每到一个工地上，看到那些因为拆迁或建设而不得不被毁掉的树木，我就觉得特别心疼。后来一想啊，这些树与其被毁掉，还不如我把它们放到我们老家山上去种呢！我小的时候，我们那山上好多树呢！所以我们村子才叫作‘九池泉’啊，从名字上看来，应该有九眼泉水呢。要知道，有树的地方才有水呢！后来是因为树被砍光了，泉眼才逐渐消失的。如果让那些树再种起来，说不定我们村子就又有水了。”这么多年过去了，在与笔者闲聊时，方正龙依然没有忘记他记忆中家乡的那九眼泉水。

1990年，方正龙有了一个更大的想法，就是要出资绿化九池泉的荒山。在七里河区林业系统和两山绿化指挥部等单位的支持下，每到植树的季节，无论有多忙，他都要带领自己的孩子、公司员工和乡亲们一起植树，坚持了20多年，从来没有间断过。他先后出资购买了30多万株苗木，修建了一座500立方米的蓄水池，还每年出资5万多元雇工浇水、管护树木。现在，30多万株松树、云杉、国槐已经覆盖了荒山荒坡，绿化面积少说也有700多亩。九池泉成了远近闻名的生态村，2013年被省上评为“生态文明村”。用方正龙的话说，“这是我们这代人留给子孙后代的无价财富”。这样的誓言，直到村子迎来巨变也从未在方正龙内心消失过，一直镌刻在他内心深处的，是他对家乡的眷恋和深深的乡土情。

改变家乡，从绿化开始

1990年，方正龙开始自己出钱绿化村子四周的荒山。30年后，当笔者登上九池泉村的山头，遥望四周，满眼翠绿呈现眼前，一棵棵云杉、国槐随风摇摆，附着在山脊的植被尽显顽强的生命力，树木在阳光下茁壮成长，绿意盎然。微风带着收获的希望吹拂在九池泉村上空，绿色用芬芳述说着九池泉村的生态变迁是多么不易，仿佛要将感谢送给远方的客人和方正龙。

图11　方正龙在植树

站在山脊一侧的方正龙在微风吹动的云杉旁动情地说：“我用30年的时间来改变家乡的生态面貌，靠的是我的毅力和决心，支撑我的是信念，现在国家大力倡导要抓好生态建设，构筑绿色屏障，建设美丽中国，这是多么好的决定呀，希望我的行动能为美丽甘肃带来新的示范，也为我的村子留下美的财产。”

记者粗略算了一笔账，若方正龙栽种的30万株树种现在卖出，按当下的市场价计算，他就可赚近3000万。但是面对利益的取舍，方正龙给记者的答案却耐人寻味，蕴含丰富哲理："富贵"莫过于积累了更多财富而已，只有帮助到别人，你的财富才显得珍贵。

伫立在九池泉村头，放眼望去，整个村子沉浸在一片祥和宁静中，袅袅炊烟萦绕山间，随同绿色勾画出了一幅和谐美丽的社会主义新农村巨变的画卷。九池泉村，由衷地祝福你，你不仅孕育了勤劳善良的优秀儿女，也让大山见证了方正龙在这里写下的绿色篇章。

1993年，对九池泉村的村民和孩子们来说是值得铭记的一年。这一年，方正龙拿出12万元，修建了几十年靠土坯房将就上课的村小学，盖起了一个建筑面积300多平方米，有浓郁文化特色，能容纳近100多名孩子上课学习的教学楼，这彻底改变了以往山村孩子上课教室夏不遮日、冬不御寒的旧学校面貌，用感天动地的桑梓情怀抚慰了九池泉农家孩子渴求知识的稚嫩童心，为孩子们接受基础教育提供了梦寐以求、宽敞明亮的教室。

九池泉村小组组长朱培礼说起方正龙对家乡的慷慨投资时，眉眼间满是幸福，这个已届六十的质朴汉子，第一句说的话是感谢方正龙。听似简单的话语，却真切地说出了他的心声。朱培礼拉着记者的手，不停地说："我们方总好得很，要不是人家这么投资，我们这里不知要等到什么时候才能有发展变化呢。"

说话间，朱培礼走出自家院落，领着记者看到一个建在位置绝佳处的仿古凉亭，翘檐雕栋、气势轩昂的凉亭掩映在云杉树丛中显得灵动而静谧。与之相邻而建的村小学楼已被修缮一新，因整合资源，当地孩子们去了条件更好的寄宿学校就读，原学校现已用作经营农家乐，不时到此踏青出游的客人穿梭在院落，菜肴香味弥漫而出。"这是方总当年投资建起的村小学，现在孩子们到城里上学，我们就将此发展村经济，开办农家乐，吸引城里的人来体验农村生活，吃地道的农家菜。"朱培礼自豪地说道。

沿山势而上，朱培礼又领着笔者来到了一处门庭写有"九池泉村文化活动中心"的院子。推门进去，只见足有800平方米的活动室，摆放了各式健身锻炼的体育器材，四周被装点得文化氛围浓郁，若不是亲眼看到，很难想到在这样一个海拔2300多米的高山之巅的村子还有这样现代化的健身设施，健身设施以外还有乒乓球桌、水泥硬化的标准篮球场。"这是方总在2000年投资210多万元给我们搞的文化活动中心，现在村上不仅经济发展了，村民业余生活丰富了，村子和谐了，红白事情也有家当和地方了，这都是方总的功劳啊。他每年都给我们组织文艺晚会，不知办了多少好事。"朱组长动情的话语道出了内心对方正龙善举的赞许。

图12　九池泉村旧貌换新颜

“上去高山望平川，平川里有一朵尕牡丹。”这首流传于临夏地区的花儿歌词，始终镌刻在方正龙的脑海里，他期许的理想是，有朝一日，他能站在山下平川望高山，高山上有一幅美画卷。30年后的今天，这样的期许梦想实现了，梦想的追逐使方正龙带领村上农民致富的脚步越来越快。

造福家乡，桑梓情怀尽显无遗

有些人有钱了，会买车买房，或者享受更奢华的生活；有些人有钱了，宁愿去赌场挥霍，以赌博来慰藉自己空虚的心灵，却不愿意用金钱来帮助别人和回报社会。而在方正龙看来，倾尽财富，追求财富的最高价值，就是造福家乡。“钱这东西，生不带来死不带去的，娃娃们又能花多少？你全留给他们，他们自己就手懒脚懒不会奋斗了。人呐，一定要学会感恩，学会用感恩的眼光去看待社会。我自己呢，家乡养育了我，我又托了改革开放的福，托了共产党政策好的福，所以才有了今天的成就。回报社会，这不是人之常情吗？”方正龙说。

从20世纪80年代关注教育，到90年代美化环境、植树造林，再到新世纪建设文化设施，九池泉村的人们用愚公移山的精神，耗费6年时间，投资180多万元，靠车拉、人背、驴驮运输砂石水泥，修通和架设了一座连心富民桥，拓宽了从山下到村子4公里长、坡度达30度以上的道路。

图13　修葺一新的村道

从2004年起，方正龙带头响应党的号召，主动拿出2万多元，为全村60岁以上的老人购置唐装，为他们过集体生日，组织文艺演出。这不仅丰富了农民的业余文化生活，而且为村子留守人员带去了精神慰藉，一股和谐文明之风吹拂在九池泉村。

2008年“5·12”四川汶川地震后，方正龙始终惦记和牵挂着家乡，第一时间想到的是家乡的农民，想到的是村子的安全。搞了30多年建筑的方正龙深知，九池泉村大多数村民的房子都建在覆土遮盖的断代岩石层上，这里地质结构松动，经不得摇晃，加上九池泉属于二阴地区，雨水冲刷严重，这样的地理条件，要是有地震，后果不堪设想。于是，方正龙经过和村上干部商讨后，邀请了地质部门专家和土地等部门领导深入九池泉村，细致了解和实地察看了村子的地质结构，经专家会诊把脉后得出结论：九池泉属水土流失和极易滑坡地带，需要整体搬迁。

为彻底解决家乡群众饱受地质灾害威胁之困，方正龙在村头看好了一块地方，并经专家勘测后决定通过削山平地，为村子搬迁开发出一块地方，在此实施搬迁。

方正龙施展自己梦想的杰作就是他始于2010年的劈山之战。有人说，方正龙疯了，因为在常人看来近乎不能的地方，他实施了一项伟大的建房工程：投入资金160多万元，移动土方20万方，历经半年时间，开发了一块可供实施46户整体搬迁避让富民工程，投入1196万元为每户建起一座二层200平方米小洋楼；投入300万元配套高标准室外上下水管网、道路、绿化等；投入60万元配合新农村建设修建了一座70平方米泵站，铺设管道2000多米，两座蓄水池250立方米，彻底从根本上告别了全村从4公里以外拉水和吃窖水的历史。2012年11月，46栋风格独特、样式新颖的新农舍别墅群全部封顶，呈现在了九池泉村。

图14　乡亲们住上了小别墅

笔者采访时看到，在村头一处热火朝天的工地上，46栋风格独特的建筑群拔地而起，在蓝天映衬下，显得恢宏壮观，只见红顶白墙的别墅群与蓝天交相辉映，构成村子壮观的景致。冬日里虽然寒冷，但若夏日置身其中，一定是绿树环绕、花香引蝶、流水潺潺，犹如来到江南水乡，疾步匆匆的朱组长陪着方正龙走到笔者面前，方正龙再次动情地介绍起了他的“杰作”。

据了解，46栋别墅坐落的地方原先是一个人工不敢涉足的石头山，当初选址在此建设别墅时，好多人得知后都认为方正龙是痴人说梦，在搞天方夜谭，偌大的石山如何能平整出盖别墅的地方？但心装百姓、心系百姓疾苦的方正龙没有退缩，也从未因此打退堂鼓，他在先后邀请地质专家勘测，并报请有关土地部门批准认可后，开始了钻山施工。要想在石山顶上凿出一块盖房用地，难度可想而知。然而，再大的困难也难不倒执着为民的方正龙，只要能让自己的乡邻住上舒心的房子，只要能让村民享受到社会主义新农村的温暖，他愿意倾尽所能，并发誓哪怕举债也要建设好别墅。

建设之初，面对资金压力，面对质疑，方正龙选择的是坚持，当有人说方正龙搞的是形象工程，是要利用九池泉村的地方给自己搞房产，想以此出售大赚一笔时，他顶住压力，用实际行动干出成就，把房子交给了老百姓。方正龙没有被来自外界的杂音干扰，他只想用付出告诉他的乡邻，一切都是源于他对家乡的回报，不畏浮云遮望眼，躬身只为老百姓。

如今，致富家乡的梦已经实现，村子整体搬迁已经完成。2011年7月5日，九池泉新农村举行了隆重的开村仪式，七里河区委、区政府有关部门领导和社会各界近1000人参加了开村仪式。村民住进别墅不再是梦。但方正龙依然没有停下脚步，他还在为家乡谋划着新的前途。方正龙说："现在村上仍有少部分村民还没有完成搬迁事宜，我个人的力量毕竟是有限的，希望社会各界和政府部门能给予九池泉村大力支持，让全体村民都能享受到社会主义新农村的优越性。"

图15　九池泉新农村举行隆重的开村仪式

方正龙的善举，让乡亲们深深感动。每个月，方正龙都会带着家人回九池泉看看。虽然老家的房子早已年久失修、破败不堪，但在乡亲们眼里，方正龙就是自家人。自家人来了，还愁没有地方住，没有饭可吃？"我每次一进村，村里的老少爷们基本上跟我都熟着呢，一到饭点上，家家都叫着去吃饭。我呀，老了老了，还开始吃百家饭了！"方正龙开玩笑地说，话语间透出浓浓的暖意。

九池泉村现在已经变成了远近闻名的富裕村，未来又该如何发展呢？这些事儿其实都装在方正龙的心里。对于九池泉村，方正龙不仅要"扶上马、送一程"，还要帮助乡亲们向更美好的前景奔去。

图16　九池泉村近景

按照规划，方正龙今后还要带领全村老少，向着更高的生活质量前进：通过几年时间大力建设生态，搞好人文景观，积极主动发展以生态旅游、特色农家乐等新型经济发展模式，挖掘九池泉九个神泉美丽故事，拓展道路，邀请专家，为进一步推进全村实现转型发展建言献策，终将为实现九池泉村朝着生态旅游村子方向发展不懈奋斗。

人心向善，天必佑之。方正龙说，读万卷经书，行万里之路，人生莫过于如何“做人”两个字之深刻含义。30多年来，自己之所以能够在建筑市场摸爬滚打，砥砺前行，靠的就是坦诚待人、诚信做事。

善行天下，善念感恩。方正龙的义举和他大爱无私的慷慨不仅得到九池泉村民的交口称赞，同时也得到了各级政府的赞许。七里河区西果园镇负责人对方正龙的善举也给予了充分肯定。该负责人表示：今后西果园镇一是要大力宣传方正龙的善举，引导镇上更多的企业家参与到公益事业上来；二是要让方正龙的善举感染更多的有志之士，同时也要对方正龙的企业给予大力的支持，使他在搞好企业的同时，关心公益事业；三是要充分肯定方正龙及时帮助政府排忧解难，让九池泉村的老百姓搬离存在安全隐患的地方，使老百姓能够安居乐业。他的这些举动是值得人们尊敬的。

向善的力量，都是最美的，无关其出于什么目的。方正龙30多年的善举就是基于这样的出发点，不求回报，不图名利，心装百姓，无私大爱，用非凡的胆略和过人的气魄在自己家乡创造了神话般巨变的故事，书写了村子发展致富的喜人篇章。

于高山之巅，置身九池泉，望群山层林尽染，苗木葱茏，绿意盎然，栋栋别墅尽朝晖。在梦想与现实的世界里，方正龙用大爱和无私诠释了他的人生梦想，在九池泉实现了梦想，释放了他的财富价值，为家乡百姓的福祉不辞辛劳，慷慨无私。

这样的精彩人生，值得赞叹！

李晓霞

孝老爱亲典范　为人师表楷模

——记兰州市第三届道德模范“孝老爱亲”乔廷全

乔廷全，出生于永登县河桥镇四渠村，目前是兰州市红古区第十八中学的一名教师。正值壮年的他，头发已经泛着银霜，看上去比实际年龄要苍老一些，不过精神气很足，脸上始终带着憨厚的微笑。如果不知道他的事迹，很难想象这个看上去温良恭俭的中年人经历了那么多挫折与坎坷。

孝老爱亲　不离不弃

乔庭全出生于20世纪60年代，这个年代出生的人似乎生来就被赋予了骨子里的坚韧和乐观。乔廷全的家庭条件可以说是相当艰苦，然而，就在这样艰苦的生活环境下，乔庭全的母亲却毅然决定将身患残疾的小叔子，也就是乔庭全的叔叔养在家里，并且一养就是几十年。谈起自己无私奉献的精神是从什么时候开始的，他想了想说：“这与母亲多年的亲力亲为、言传身教是分不开的，这让我从小就有强烈的责任感和同情心。”因此，当他自己成家之后，也毫不犹豫地把叔叔养在身边，这一养又是几十年。

图17　生活中的乔廷全

乔廷全夫妻双方都从事教育工作，非常繁忙，但是叔叔的衣、食、住、行却一样都没有落下，甚至照顾地非常好，其中的艰辛外人是很难想象的。乔廷全说，他们两口子照顾叔叔时都是把时间错开，饭要提前做好，家里始终留一人照顾老人，不敢出任何差错。

八年前，乔廷全的叔叔得了牙病，人老了，牙齿本来就不好，又拔了三颗病牙，从此之后吃饭就成了问题，硬东西不能吃。这样一来，做饭就成了难题，孩子喜欢吃有嚼劲的，老人喜欢吃软的，乔廷全在得到孩子的理解后，做饭便以老人的口味为主。在外面吃饭或者和朋友聚餐后，乔廷全也总要给叔叔带上一些他喜欢的饭菜，让老人也尝尝鲜。有时候外出几天，他总是做好现成的饭菜放到冰箱，一一吩咐叔叔自己热好，不要让他饿着。

人老了，各种疾病就随之而来。乔廷全的叔叔又得了肾病，排不出尿，痛得直掉眼泪。他背上叔叔就往医院跑，医生诊断是肾结石，建议用跑步、跳、坐拖拉机等方法排结石。但是，由于乔廷全的叔叔腿部有残疾，跑、跳等运动都行不通，拖拉机又不好找，于是，他便从附近农村借了一头毛驴，让老人骑上毛驴排结石。乔廷全一手牵着驴，一手扶着老人，跑了好几里路，虽然汗流浃背，累得上气不接下气，但总算治好了老人的病。

除此之外，每到周末休息时，乔廷全都会给老人洗头、洗脚、理发、洗衣服，有时候带上老人和孩子逛商场、游公园，虽然生活不富裕，但一家人过得很开心。

在乔廷全的影响下，妻子、孩子、兄弟姐妹都很尊敬、关心这位孤寡的叔叔，老人没有感到过寂寞和孤独。就在叔叔年逾花甲之际，乔廷全按当地风俗，携同家人给老人过了一个隆重的寿诞，让残疾的叔叔深深感受到了“家”的温暖。居委会曾经动员乔廷全将叔叔送到敬老院，被乔廷全婉言谢绝了。可是，他叔叔知道后心情却很矛盾，说：“我应该去敬老院，不想连累你们，可我舍不得你们啊！”他真的怕给乔廷全一家带来太多的负担，但是生活在一起这么多年，乔廷全又把他照顾得这么好，他又怎么能舍得？乔廷全最后妥协说，一切看他叔叔的意愿。对于敬老院，他也实地考察过，敬老院条件很不错，而且离家近，只要十分钟的路程，只要叔叔愿意，周末还可以与家人一起团聚。但是从心里说，乔廷全也舍不得叔叔去敬老院，毕竟天天看到叔叔，他的心里才踏实。

乔廷全心疼叔叔一生无儿无女、孤苦伶仃，就经常带叔叔出去散心、开眼界。近几年，他带叔叔去了兰州、西宁，游玩了塔尔寺、青海湖、拉卜楞寺、华藏寺、天堂寺、冶力关等旅游景点；2008年秋，他安排叔叔随“夕阳红”专列游览了祖国首都——北京；2012年3月，他又安排叔叔乘坐飞机去了西安，实现了叔叔多年的夙愿。

乔廷全的弟弟说，他们老家像自己叔叔这样的五保户残疾老人有好几家，但是能得到这样照顾，还能坐飞机出去旅游的人连平时经济条件好的人家的老人都没有这个福气，他们村上都认为叔叔有乔廷全这样的家人真的是太有福气了。

乔廷全除了长期照顾、伺候残疾的叔叔之外，每逢假期或周末还会抽时间看望远在农村的父母、岳父母，时时操心四位老人的衣食住行。因为母亲和岳母常年有病，还要抽空陪她们上医院检查。近十年来，岳母三次患脑溢血，都是他及时送往医院，找最好的医生治疗，端水送饭、熬夜守护、精心照顾，由于治疗及时、护理到位，老人的身体也逐渐得到了康复。前几年，他的母亲患了胃病，胃痛得吃不下饭，他陪母亲去医疗条件好的医院进行检查，使母亲的病得到了很好的治疗。他的为人处事得到了家乡父老、单位领导和附近邻居的一致称赞，深得人们的好评。

然而，生活并没有因为他的孝心而变得顺利一点。1997年，乔庭全的大儿子呱呱坠地，这本来是全家的大喜事，但是不幸却查出孩子患有小儿大脑性瘫痪，家里一下子雪上加霜，但是，乔廷全毅然肩负起家庭的责任，坚强面对困境，带着孩子到全国各地求医。这十多年来，为了给孩子治病，使得本来就收入有限的家庭更加拮据，但他却一直没有放弃对孩子的治疗。在紧张的教学工作之余，除了照料腿部残疾的叔叔，还要照顾儿子。一个家庭，两个残疾人，这是何等的不容易。

生活一次次给他最严厉的考验，他也一次次承受下来并从容面对。乔廷全的小儿子非常聪明乖巧，还会弹电子琴，有闲暇时间的时候，一家人就一起开家庭“音乐会”，乔廷全吹萨克斯风，他的小儿子弹电子琴，其他家人一起在音乐的伴奏中唱自己喜欢的歌曲，一派温馨祥和的场面，煞是感人。

桃李不言　下自成蹊

在单位，乔廷全的身份转换为人民老师。多年来，他一直担任班主任、代课老师及学校工会生活委员。他热爱教育事业，除兢兢业业、任劳任怨、热心本职工作外，还主动参与单亲、残疾、困难学生的资助活动，多次被评为区级、校级优秀班主任、优秀教师、优秀党员、先进教育工作者，受到师生、家长及社会的一致好评。

担任班主任工作期间，乔廷全非常关心他的学生。有一次，一个叫苏红的住校生下晚自习上宿舍楼时脚扭伤了，乔廷全得知后，立即背上受伤的学生就往医院跑，并且一直守护着该学生，直到家长赶来他才默默离开。还有一次，一位叫马敬的住校生不小心误食了一块电子芯片，为了方便照顾学生，他将这位学生接到自己家中，和妻子一起照料，直到学生康复为止。家长得知这个情况后，非常感动地说："把孩子交给乔老师，我们一万个放心。"

有一年暑假，乔廷全接到一个学生家长的电话："乔老师：你好！我是您的学生方霞的母亲，虽然没有见过您，但是我女儿常常提起您，所以对您很信任。我女儿考上大学了，可是我的女儿拿到通知书后，我既高兴又伤心，面对高昂的大学学费，我实在束手无策，您能否帮帮我们？"乔廷全立即询问具体情况，原来在十年前，由于她丈夫的单位不景气，便丢下母女俩去南方打工，开始两年还有电话联系，后来就找不到人了。这位母亲因为工作单位环境潮湿患了风湿病，现在下岗在家，连走路都费劲，母女俩仅靠低保维持生活。

了解情况后，乔廷全二话不说，立马如实上报学校及有关资助单位，一周后，经学校上报，方霞收到了甘肃恒利房地产有限公司资助的大学学费和住宿费（四年）。然而，乔廷全要好人做到底，他要亲自去家访，看看能否解决她家的实际困难。他打车去了方霞的家，进门一看，60年代修建的破旧住房、简陋的家具，所有家产不足千元。方霞的妈妈给乔廷全递了一杯茶，从她的脸上可以看出，她刚哭过。他忽然不知道该说什么了，看到方霞，他问到："你怎样看待你的爸爸？他爱你吗？"方霞低着头，两手不停地撕扯着衣角，伤心的眼泪止不住地打在她的衣襟上。

乔廷全思绪万千，决定帮帮这个支离破碎的家庭。他找到了方霞父亲的电话。"你好，我是你女儿的老师乔廷全，告诉你一个好消息，你的女儿今年金榜题名，你还不知道吧？我们大家为你女儿高兴时，总感觉你的女儿高兴不起来。后来和你女儿交谈时，才知道她心中的苦闷。这几年，虽然失去了父爱，甚至曾经恨过你，但她一直在思念你，她忘不了小时候你给予她的父爱，经常梦见你，她看到同学们和自己的父母共享快乐时，心如刀绞，她很想和你共享这份来之不易的喜悦，由于多年失去联系，她很自卑。只好由我代她向你报个喜，你的女儿为你和你的家族争光了。"

方霞的父亲立刻哽咽起来："乔老师，谢谢你关心方霞。其实我也很想回来看看我的女儿，可我无颜面对。十年前，我一气之下抛弃了她们母女俩在外奔波、打拼，一想起和妻子无休止地吵吵闹闹，就没有再联系。我没有尽到做父亲的责任，就更不敢面对我的女儿。"

乔廷全安慰说："其实，有很多失败的婚姻未尝不是如此，双方在平淡、琐碎的生活中，往往会指责对方的种种不是、针锋相对，结果大多是两败俱伤、伤痕累累。直到分手之后，才发现其实对方还是有很多优点的，只是因为当局者迷，便未曾发现对方的优点。婚姻生活充满了磕磕碰碰，维持幸福的婚姻就在于能够从自己的身上找原因，不断改变自己，提升自己。不幸的婚姻或者是失败的婚姻则是一味将责任推给对方，把自己始终置于受害者的角色。”

乔廷全继续说：“你的女儿长大了，以前她可能恨你，但随着时间的推移，现在很想你啊！这几年，方霞的妈妈由于患风湿病，不能干体力活，下岗在家，靠低保和亲戚的救助生活，如今女儿考上大学了，你作为父亲，应该尽一个父亲的责任，给女儿父爱啊！”

乔廷全认为，在家庭、社会生活中，对待家人或自己身边的人，人们应学会多一点体谅、宽容和理解，少一点苛求、抱怨与责任；对待那些需要帮助与关怀的人，学会多一点爱心，少一些冷漠；对待工作中的对手，学会多一些欣赏，少一点敌意。如果人人都能看见别人的优点，并欣赏它、尊重它、赞美它，那将是一种很高的心境，也是一种理想的状态。乔廷全让方霞给爸爸时间、给爸爸机会，做好妈妈的工作，力争将失去的父爱“夺”回来。在乔廷全的要求下，方霞给爸爸发了一个短信：“爸爸，我是你的女儿霞霞，今年考上了理想的大学，你回来看看你的女儿吧，我和妈妈每天都在想你，我想拥有一个完整的家！”

安抚好方霞，乔廷全又把这个“喜讯”告诉了方霞的母亲，并劝母亲用爱心和宽容换回曾经失去的情感。更值得高兴的是，方霞的爸爸不久之后寄来了5000元的生活费，方霞和父亲通过短信、电话已经取得了基本的沟通，方霞的脸上终于露出了久违的灿烂笑容。

乔廷全说，每个人绝不可能孤立地生活在这个世界上，很多的知识和信息来自别人的教育、帮助和环境的影响，但怎样接受、理解和加工、组合，是属于个人的事情，这一切都要独立自主地去看待。谁是命运的最高仲裁者？不是别人，正是自己。生活并不亏欠我们任何东西，想要收获幸福，不要抱怨找借口，更不能气馁，而是需要我们自己去努力争取。

关注差生 倾注温暖

作为一名老师，乔廷全更关心学习差的学生。一个学生学习成绩差本来就会形成自卑心理，如果一个老师再不去好好关心和照顾，对他们以后的成长很不利。

乔廷全说：“所谓差生，是教育群体中一个非常特殊的群体，他们对知识有追求、有渴望，希望得到教师和学校的关心以及同学们的友爱，更需要教师尤其班主任的信任。作为教师，我们不能冷落、忽视他们，时刻铭记他们也是受教育的对象，他们应该享有平等教育的权利。作为老师要经常扪心自问：我们为差生做了些什么？是否给了他们和优生一样的宽容和微笑？是否设身处地、将心比心地急之所急、忧之所忧？是否总拿优生的长处去刺伤他们的痛处？对于差生，我们除了责备、训斥和冷漠，还有什么？”这一席话震人肺腑。

有一次，乔廷全正准备去上班，忽然接到一个“差生”母亲打来的电话，她伤心地大哭：“乔老师，我费尽心血，用尽了办法教育他、养育他，可是他太让我失望了，求你帮帮我，管管我那不争气的儿子……”

“差生”名叫小斌（化名），是乔廷全带的高二年级的学生，由于几年前父母离异，他随父亲生活，可是父亲做生意，整天走南闯北，照顾不上儿子，他只能天天吃方便面。由于得不到家庭的温暖，他的性格越来越孤僻、内向，甚至不爱交朋友，对同学疏远，有时会因为老师的一句批评顶撞老师，学习成绩直线下降。

母亲得知这些情况后，请求法院改判孩子的抚养权和监护权。为了让孩子感受温暖的母爱，尽快提高学习成绩，她辞去了一份有稳定收入的工作，在学校附近租房打工照顾小斌。一日三餐，母亲尽量做得可口，让小斌吃好。虽然她打短工的收入不多，但她把全部的钱都花在儿子身上，用最大的努力弥补孩子缺失的家庭温暖。看到儿子吃得可口，穿得暖和、干净，她感到幸福。她放弃了再嫁的念头，能和儿子朝夕相处，她知足了。

然而，天不遂人愿，小斌虽然得到了母亲无微不至的照顾，可他叛逆的性格愈演愈烈，还养成了衣来伸手、饭来张口的坏毛病。母亲说他几句，他就发脾气，摔碟子砸碗。一天早上，母亲因早起出门办事，没有时间做饭，买了两包方便面吩咐他凑合吃一顿，小斌看到厌倦的方便面时，火冒三丈，竟然顺手拿起方便面打在母亲的脸上，并且恶语相加：“你不该生下我，生我就是你的错！”

乔廷全听后震惊而痛心，下早自习后，乔廷全把小斌叫到办公室，问：“今天早上你做了什么吗？”他很不情愿地回答说：“我没有做啥！”乔廷全由于刚接过他妈妈的电话，情绪还很激动，再听到他这样的回答，立刻恼怒地热血沸腾，便顺手给了他一个耳光，20多年来他第一次体罚了学生，并告诉他：“这一巴掌我是替你妈打的，我今天给你一节课时间，好好想想，落下的课我替你补。”说完乔廷全便去上课了，然而小斌仍然无动于衷，这让乔廷全顿感束手无策。于是，他拿出手机把一曲阎维文演唱的《母亲》放给小斌听，一遍，两遍……不见他有任何反应，乔廷全心想这孩子真是“冷血”！他干脆把手机放在办公桌上出去了，手机一直播放着这首感恩母亲的歌。这首歌反复播放了十多遍之后，他推门一看，发现小斌哭了，他看到了希望，立马关掉手机。小斌的哭声更大了，伤心地说：“老师，我错了，你打我吧！”乔廷全说：“我没有理由打你，早上我真生气了，虽然替你妈打了你，但体罚学生是我的不对，希望你不要介意，知错就改这是我们做人的原则……”

乔廷全抓住时机，再一次给小斌做工作，提起他母亲的辛苦时，他又哭了。“你爱你的妈妈吗？”“我很爱。”“今天的事你后悔吗？”“后悔。”“想给你妈说几句吗？”他低头不语。乔廷全拨通了小斌母亲的电话。“给你妈说句话，好吗？你妈会原谅你的。”听到妈妈的声音，他再一次哭了：“妈妈，我错了，我让你生气了，我是个不孝之子啊，请你原谅我，好吗？”

“你入学的新书包，有人给你拿；你雨中的花折伞，有人给你打……”一曲经典的《母亲》唱出了母爱，打开了这个叛逆男孩的心扉，经过多次的辅导，小斌倔强、孤僻的性格改了很多，对学习产生了兴趣，更学会了尊敬老师、尊敬母亲。

从这件事上，乔廷全深受启迪，上班会或者课余时间，就用教学多媒体给学生放一些如《母亲》《父亲》《儿行千里》《感恩的心》等歌曲，或者发挥其优势，即兴演唱。这样不仅缓解学生学习的紧张气氛，更是生动淋漓的感恩教育。

乔廷全之所以对所谓的“差生”这么有耐心，源于一次毕业学生的聚会。一年春节，他应邀参加了毕业十年之久的学生的聚会，学生的热心和周到让他心里暖暖的，最让他感动的是：发起聚会邀请他这个昔日班主任的学生正是当年班上的一名“差生”，第一个端起酒杯给他敬酒的是一名“差生”，开车送他回家的是一名“差生”……见到参加聚会的学生，一张张熟悉的面孔，一个个难以忘怀的记忆，全班52名毕业生，参加聚会的40多名，差生基本到齐了。那一天，乔廷全的心里对所谓的“差生”产生了变化。

乔廷全曾经和同事开了一句玩笑话：“优秀生是他们自己自学成才的，差生才是我们培养的。”其中一位同事用惊奇的目光看了他好半天，说了一句：“精辟！”

从那之后，在班主任管理工作中，乔廷全对差生的教育更细致、更耐心，不但关心他们的学习，更关心他们的生活、心理的健康成长，帮助他们树立正确的世界观、人生观、价值观，激励他们的兴趣培养和特长的发挥。

到现在为止，每个寒暑假都有很多曾经是乔老师的学生，如今已走向工作岗位的人请乔老师一起出去旅游。在乔廷全带大儿子去北京治病联络医院时，购买机票都是他当年的学生主动提出要帮助他，对此乔廷全感动不已。提起这些学生，他的脸上就洋溢着骄傲，而他们中间的绝大多数就是曾经所谓的“差生”，是乔老师在当年他们幼小的心中播撒的爱与自信的种子，让他们懂得了爱与回报。

有人问他一直在奉献、在付出，有没有觉得累，有没有什么遗憾。他说，当然会有痛苦和遗憾的时候，但是他要把孝心和爱心传递下去，因为他不仅是父母的儿子，也是父亲，更是一名教师，要为下一代树立起好的榜样。要说遗憾，他说自己从小是个非常喜欢音乐的人，却因为家庭原因不得不放弃了，不过一直在闲暇之余自学音乐给自己找点乐子，也算是一种弥补。

多年以来，他孝敬父母、照顾老人，为儿子四处求医，但从未请过一天假，从未耽误自己的教学工作。

说他平凡，因为他只是一名普普通通的人民教师；说他伟大，因为他几十年如一日，一如既往、无怨无悔地孝敬父母、侍奉残疾老人、抚育残疾孩子，用坦然的心境去面对生活中的种种磨难，用爱心和行动诠释着中华民族尊老爱幼的传统美德。他身体力行，用自己的言行诠释着孝老爱亲的含义。作为教师，他兢兢业业，任劳任怨，桃李不言。他的感人事迹如涓涓细流，流过人们的心田，却大爱无痕。

华　静

为他人提供生命的源泉

——记兰州市第三届道德模范“敬业奉献”高玉鹏

高玉鹏，一名普通的电力巡电工，1967年出生于西固区陈坪的一个普通家庭，1986年参加工作，就职于甘肃省电力公司输电检修中心运行一班，在输电线路专业一干就是近30年。始终兢兢业业、爱岗敬业的他，在工作中说的最多的一句话就是：“要做事，先做人。”

热心助人　意外发现“熊猫血”

2010年7月23日，对高玉鹏来说，是有着特殊意义的一天。没想到在迈入不惑之年以后，他的生命发生了新的改变。这一切，均源于他为朋友的一次献血经历。

那天，高玉鹏正在外出巡线回程的车上，突然接到紧急电话，称他的朋友因胃部手术造成大出血，急需献血，但找不到献血证。按规定，家属亲友互助献血，要到血液中心采集，家属献了血之后，血液中心和血站负责调剂其他同型的血液给病人。救命要紧，高玉鹏毫不犹豫地跑去医院，一向觉得自己身体很棒的他二话不说，在医院的安排下赶往甘肃省中心血站献血。验血过后，出人意料的结果出现了，他的血管里流淌的竟是概率仅为千分之三的RH阴性血型。

RH阴性血是一种极其罕见的血型，所以在医学上称之为“熊猫血”，RH阴性血在亚洲人中每3000人才有一例。这种血型无法通过医疗手段合成且无法替代，所以尤为珍贵。如果这种血型的人需要输血的话，危险性是很高的，因为血源有限，常常面临生命危险。物以稀为贵，他的血型极为特殊，兰州市血站工作人员就给高玉鹏的血型做了备案，并征询他的意见，希望他能在需要的时候来医院献血，高玉鹏毫不犹豫地答应了，并留下自己的电话号码。自此之后，知道这件事的朋友都跟他开玩笑，称他是救人于危难的“熊猫人”。

2010年10月的一天，也就是高玉鹏第一次献血的三个月之后，他正在白银往兰州回来的路上，突然接到血站电话，称兰州妇幼保健医院一位血型与他相同的产妇急需400毫升血，否则将面临生命危险。放下电话，他立即赶往血站，毫不犹豫地捐献了400毫升鲜血。想到自己的血液沿着仿佛生命之线的塑料软管流入密封袋，再流入另一个陌生人的体内，并且使对方重获新生，更重要的是受捐者还是孕妇，等于一救两命，高玉鹏心中也随即产生了微妙的变化，如果说第一次献血是因为友情，这次献血则是因为一种强烈的社会责任感。也是从这次献血开始，高玉鹏决定将此作为一项长期坚持的“事业”。看到自己的血可以救人，特殊血液带来的特殊责任感油然而生。

2011年3月的一天，高玉鹏刚刚结束一天的巡线工作回到家中，正准备吃饭时又接到血站打来的电话，告诉他需要紧急献血，让他做好献血准备。他随即赶到了医院，连饭都没顾着吃上一口，便立即配合医护人员进行了检测。医生说：“体检合格，可以献血，献200毫升就可以了。”高玉鹏却说：“救人要紧，我就多献点吧。”在高玉鹏的坚持下，医护人员最终从他身上抽了400毫升鲜血。高玉鹏笑着告诉医护人员：“我知道自己的身体状况，而且我也不是第一次献血，已经不紧张啦！只要有别人需要，我就会这样做。”

2011年5月，高玉鹏再次接到血站打来的电话，这一去就又抽了400毫升的血量，由于工作劳累又没有进餐的缘故，刚抽完血就感到头晕目眩，差点昏倒。我国《献血法》第9条有相关规定，两次采集间隔期不少于六个月，但高玉鹏三个月就献了两次血，况且他还患有比较严重的高血压，这样做的后果是相当严重的，可是事后他却说：“这点血要不了我的命，能救人就好，值！”

2012年11月的一个中午，大雪纷飞，对处于西北内陆的兰州来说，这年的雪来得格外早，下得也格外大。由于雪天地滑，当天摔伤了很多路人。此时，正行走在街上的高玉鹏发现有多辆救护车从身边疾驰而过，他意识到许多老人、孩子在这样的天气可能会摔伤，也许这些车上拉的就是某位不小心摔伤的人，他担心血站在这种天气会闹血荒，就主动去血站献血。用他自己的话说：“我们家有乐善好施、助人为乐的传统，这是父辈传给我的，我不能把这个传家宝弄丢了，我也是有孩子的人，要给孩子做个好的榜样。”献血后，血站都会给每一个献血者交通补助，他领到后直接塞进医院的爱心捐款箱，说：“我不缺这点钱，要是每次献血还拿钱的话，这好事的意义就变味了。”据统计，高玉鹏在这些年里的献血量达3000多毫升。血液占人体体重的6%~8%，3000多毫升相当于高玉鹏全身血液换了大半。如果说800毫升可以救一个人，那么高玉鹏就相当于救了三四个人了。

然而，高玉鹏从来没有把自己献血的事迹告诉周围的人，甚至连家里人都没有告诉，就连一起工作生活了30多年的好哥们、好邻居也是在单位通报了他的事迹以后才知道他献血的事迹。

工作上兢兢业业　生活上热情质朴

如果说很多荣誉是高玉鹏通过无偿献血获得的，那么他30多年来在平凡工作岗位上兢兢业业地工作，也让这个荣誉更加闪闪发光。

作为电力公司一名普通的电力检修工人，高玉鹏是从基层工作一步一步干起来的，他干过的工种很多，从架杆工到检修工，再到线路运行维修工，工作虽然辛苦又危险，但是他从来不怕苦、不怕累。他说："虽然是基层工作，但也是最重要的工种，丝毫马虎不得，干我们电力工作的就是要胆大心细。"因为工作性质的原因，高玉鹏常年奔波在荒山野外，戈壁沙漠。自1986年工作以来，他爬过的山、走过的路，连自己都记不清有多长了。

图18　工作中的高玉鹏

有一次，高玉鹏去白银附近一个离黄河不远的地方维修线路，去了才知道那里跟无人区差不多。去的时候天很热，他只是随便带了点水，修完线路往回走时，没想到车子突然坏了，那时还没有电话，再说即使有电话，在山区信号也不好。高玉鹏和工友们就一直往出走，20多里的山路硬是走了回来。据高玉鹏的其他工友介绍，他从事的工作是电力系统最基层、最无聊，也是最重要的工种。一年里三分之二的时间，高玉鹏都奔波在田间地头、山坡沟壑，每天徒步十几公里是家常便饭，每月正常的巡线距离都在150公里以上。

作为甘肃电力检修公司普通员工的高玉鹏，他所管辖的输电线路更是直接关系着近郊居民的用电，越是节假日的临近，他的工作就越显得重要。去年的大年初九，正在和家人一起过年的高玉鹏突然接到单位电话，被告知兰州附近山上运行的线路被雪覆盖住了，可能会对输电有影响。为了让更多的人过个安稳年，高玉鹏二话不说，立即穿上工服与同事一起赶往毁坏线路的现场。下雪的山路很不好走，厚达20多厘米的积雪加上陡峭的山路，每走一步都很艰难，加上高海拔的作用，呼吸也没那么通畅了。“那时，我们一队人一人用一根棍子用来探路，稍有不慎就会陷在积雪里。陡峭的山路一走就是3个多小时，我们只想着赶紧把线路修好。”在举家团圆之际，他和他的工友们却为别人的家庭带来了光明和温暖。

山里的气候是瞬息万变的。有一次，高玉鹏和他的工友在山顶作业，突然下起暴雨，湍急的水流夹杂着石块和泥沙奔腾着，雨越下越大，他们的活动空间越来越小，稍有不慎就会被泥石流冲走，最后蜷缩在只能容纳下两个人的一块突起的地面。与高玉鹏一起作业的工友年纪比较小，非常害怕，高玉鹏就安慰对方，他们互相鼓励，就这样等天亮了、雨停了才安全下山去。

现在说起来，高玉鹏说想想这事都后怕，然而这些并不阻碍他对工作的热爱。在工作中，他常常说的一句话就是：“危险对于一个普通电力工人来说，是工作中常见的事，关键是平时要多加注意、提高警惕，千万不可马虎大意。”高玉鹏就是这样三十年如一日地坚持了下来，到现在为止，哪怕身体没有以前那么好了，但工作上只要有紧急情况，他仍然说走就走，立马奔赴第一线。

高玉鹏平时看起来是个很粗犷的西北汉子，可是干起工作来却是特别细心、兢兢业业。2012年的一天，正常的工作已经结束，在返回单位的途中，他远远看到自己班管辖的海张线40号地段的地形有异样，不仔细看根本注意不到。这个塔基虽然处在平地，但却在一个凹口的泄洪态势之中，一旦发生大的水土流失，海张线40号及周边铁塔的基础将会被土石掩埋。

高玉鹏平时对工作认真负责，始终爱岗敬业、尽职尽责，他在工作岗位上也显示着自己独特的人格魅力，很重视工作中的细节与安全问题，只要一开工，他就会把要注意的事项告诉其他工人，尤其是经验不足的年轻工友，叮嘱工作细节，最苦、最累的活他会自己去干，做好年轻人的榜样。高玉鹏是年轻工友眼中亲切的老师傅、老大哥，他总是主动帮助年轻人学习专业知识，把自己积累的工作经验毫不保留地告诉年轻人。与高玉鹏一起工作的工作小组里的大多数人都接受过他的帮助，同时也被他感染，愿意主动去帮助别人。工作中，他总提醒同事注意安全，生活中，他也尽力关心和帮助同事，在同事中有良好的口碑，是一个道德标杆。高玉鹏的朋友兼工友王先生说：“高玉鹏是一个很有正义感的人，和他这么多年的关系，无论在工作上还是在生活上，我都得到了他很多的照顾。”

平时在家里，高玉鹏是一位好丈夫、好父亲，他用以身作则的方式教育下一代。他说：“家庭是我最强大的后盾，我做不了什么惊天动地的大事，却可以做亲力亲为的好事，我这样做，别人会受我的影响，大家就都愿意互相帮助，我的孩子也能受到好的影响，得到正能量，在健康积极的环境下成长。”

呼吁大众关注并支持公益献血

高玉鹏多次献血，家人免不了要担忧。高玉鹏的父母和孩子与大多数家人一样，因为对献血知识了解不多，担心他营养跟不上，并不是很赞成高玉鹏一次次地献血。对于丈夫献血的事，他的妻子看在眼里疼在心里，但是从来没有阻拦过丈夫，支持他在身体条件允许的情况下能献就献，但是高玉鹏这些年的血压一直很高，要尽量减少献血次数。可是，他依然没有放弃献血。“为了避免家人担忧，我现在一般不跟他们说献血的事。”高玉鹏说，“但我明白，只要到血液中心的采血点，按照相关的规定献血，不会对身体有任何损害。献了这么多次，目前我还没有感觉到有什么不适。只要有人需要，身体条件允许，我肯定还会继续。”

高玉鹏说：“我的家人以及社会上对献血有误解与偏见是因为对献血知识的欠缺和不了解。宣传部门和媒体应该多向群众普及献血知识，科学献血、踊跃献血，希望每一个人为社会做一点自己的贡献。”我国和其他国家的公益献血，尤其是发达国家公益献血的差距还是比较大的。我国《献血法》对上述各项的规定都普遍低于国际上的发达国家，甚至低于亚洲地区。以现在卫生部最新公布的数据来说，我国无偿献血事业已经得到大部分人的认可，献血者人数及人群也不断增加，但是相较于西方国家还存在巨大差距。比较发达国家献血者占人群的人口总比例是4.5%，中等发达国家献血者占总人群人口比例是1%。世界卫生组织建议最低的安全标准献血者占人口的1%，而我国的这个比例是0.8%。日本将每年的1月15日定为成人节，年满20岁的男女青年身着盛装，在举行成年仪式之后，纷纷来到献血车前参加无偿献血，这已成为日本推动献血的一个传统形式。日本政府规定，各级行政人员中，适龄者每年必须献血一次。

高玉鹏呼吁已知自己是稀有血型的人尽量多献血，因为稀有血型人群比较少，大家相互帮助、相互支持的时候应该更多一些。就稀有血型的人而言，在手术或者意外情况下，随时都需要输血，而当时献血不一定来得及，因为血液需要检测，需要一定的时间储存，然后发放。

献血最好能持之以恒，即成为重复献血者，就是成为像高玉鹏这样定期献血的人。重复献血者在献血者中所占比例并不高，这样的人需要经过反复检查，确保身体健康才能献血，如果一次不合格，就不能献血。献血的同时，献血者通过检查了解自己的身体状况是健康的，心灵也得到了净化和升华，这对心理健康和生理健康都有极大的好处。所以，应多呼吁人们树立正确的献血观念，要支持和鼓励无偿献血者和重复无偿献血者，他们都是有爱心的人，应该受到表彰和奖励。

“希望除了献血，还能做别的好事”

“其实做好事并不一定只有献血这一件事。以后如果身体条件允许的话，我还是会去献血的，但医生说我的血压不太稳定，有时候去了血站，他们为了我的身体着想，也不让我献。不过我想只要有心，我还是可以通过别的途径去做一些有意义的事。”

平时，高玉鹏也喜欢做运动，他最喜欢的运动就是打羽毛球。除此之外，因为家离黄河边很近，他还会到滨河路散步，这样既锻炼身体，又陶冶情操。他说：“我觉得滨河路是兰州最美的风景，也是兰州的一大金字招牌。这也让我产生了一种想法，等到我老了，退休了，我想到沙漠地带种树，让那些地方也能像兰州的滨河路一样充满绿意。民勤的环境就很恶劣，有很多地方已经沙漠化了。我希望大家都能够多关注这些环境、生态问题，让我们生活的环境更加美好，还大家一个美好的天空。”

这就是高玉鹏，用自己的行动诠释着对他人生命的爱与关怀，为广大市民送去光明和幸福！英雄往往看上去都是平凡的，但是平凡的小事能坚持下来就是不平凡。高玉鹏就是这样一个普通的平凡人，血液里流淌着人性的善与美。

今年春节的保电输电线路巡视计划又排满了，和往年一样，他又将继续在巡线路上度过节日……

华　静

少年壮志不言愁

——记兰州市第三届道德模范“敬业奉献”南锋

“几度风雨几度春秋，风霜雪雨搏激流，历经苦难痴心不改，少年壮志不言愁……”这首《少年壮志不言愁》是20世纪90年代家喻户晓的电视连续剧《便衣警察》的主题曲。因此，每每这首《少年壮志不言愁》响起，大家总会想到那些隐藏在人群中的便衣警察。他们和普通人一样，行走在人群中，但只要人民群众的生命和财产安全受到威胁，他们就会挺身而出，履行自己作为警察的职责。而南锋，就是便衣警察中的一员。

南锋，甘肃省通渭县人，大学本科文化程度，2000年参加工作，历任兰州市公安局便衣侦查支队反盗车大队科员，现任兰州市公安局便衣侦查支队反盗车大队副大队长，三级警督警衔，并于2014年荣获兰州市第三届道德模范“敬业奉献”模范荣誉。

图19 坚守在工作岗位上的南锋

在南锋的从警生涯中，他更是以优异的专业成绩交出了一份满意的答卷——2007年、2012年分别荣立个人三等功1次；2004年、2009年分别获全市公安系统先进个人1次；2010年被甘肃省公安厅评为全省公安机关“冬季百日行动”先进个人，还被评为全省优秀人民警察；2013年荣立个人二等功1次。

从警十六年　时刻牢记警衔在身

从2000年参加工作之时，南锋就与警察这个身份结下了不解之缘，并时刻以“立警为公，执法为民”为信念，恪尽职守、忘我工作，以党和人民的利益为重，模范执行国家的法律、法规和政策，自觉抵制各种腐朽思想的侵蚀，保持了共产党人的蓬勃朝气、昂扬锐气和浩然正气。时刻牢记人民警察的职业道德，与时俱进、开拓创新、爱岗敬业、务实求真，想群众之所想，帮群众之所需，以实际行动诠释了一位便衣警察的不悔历程。

自2006年1月到便衣支队至2012年初，南锋就以一个共产党员的荣誉忠实地履行“人民公安为人民”的神圣职责，在工作中采取公开巡逻、便衣守候等方法，在易发案、流动人口多的复杂场所盘查可疑人员。他参与破获各类刑事案件600余起，交办案件3起，共审查各类违法人员100余人，其中：刑事拘留94人，逮捕92人，移送起诉92人，治安处罚17人，追缴被盗抢机动车216辆，打掉涉恶、抢劫犯罪团伙1个。他为建设稳定和谐的兰州做出了人民警察应有的贡献。

在2010年8月以来开展的打击“两抢一盗”犯罪专项斗争行动中，南锋和战友们不断采取措施，加大对盗抢汽车犯罪的打击力度，在打团伙、打系列犯罪上狠下功夫，在打击盗抢汽车的执法行动中有力地震慑了犯罪分子。

不怕辛苦　半年奔波于抓捕现场

2010年12月22日，在技侦部门的大力配合下，反盗车大队在七里河区小西湖附近的某饭馆内抓获犯罪嫌疑人马某、牟某，而南锋作为马某的主审侦查员，在短时间内使马某交代案情，为案件的纵深扩大以及抓捕其他犯罪嫌疑人赢得了宝贵的时间。

在审讯中，马某供述了伙同马某勒、米某在兰州、白银、天水盗窃汽车10起的犯罪事实；牟某供述了伙同牟某西、马某明、马某克在兰州盗窃汽车12起的犯罪事实。于是，2010年12月27日，在技侦部门的配合下，反盗车大队在小西湖地区某宾馆内抓获犯罪嫌疑人牟某西、马某明、马某克，查获被盗车2辆。经审讯，上述三人供述了在2010年间先后在兰州盗窃皮卡车、轿车、微型车12

起的犯罪事实。2010年12月30日，在技侦部门的配合下，反盗车大队在小西湖某宾馆内抓获犯罪嫌疑人白某、马某木。

此时，南锋作为罪嫌疑人白某、马某木的主审侦查员，不顾疲劳，连续作战，又在第一时间使二人交代案情。特别是在审讯马某木时，在明知其有传染性疾病的情况下，南锋还是长时间给马某木做工作，使这个有过多次前科的犯罪嫌疑人低头认罪。经审讯，上述二人供述了自2008年至2010年伙同他人先后在兰州市及周边地区盗窃皮卡车、轿车、微型车15起的犯罪事实。

一聊起南锋的工作，他的同事不由地竖起大拇指："他就是个工作狂，一开始干工作，就啥都不顾了。"在2010年"冬季百日严打行动"中，他连续三个月战斗在工作岗位上，由于天气寒冷、吃饭喝水不及时，多次晕倒。他多次打着吊针分析案情，拔下吊针出差追逃，案子是破了，但身体却病了许久，人也瘦了不少。

2011年1月10日，在技侦部门的配合下，反盗车大队在兰州市城关区车辆管理所附近抓获犯罪嫌疑人马某龙、马某力，因为该二人是亲戚关系，所以二人都有顾虑，审讯工作陷入僵局。南锋作为马某力的主审侦查员，从生活上关照马某力，并且对其做思想工作，从而感化了马某力，使其开口交代案情。这使得马某龙的思想防线崩溃并低头认罪。经审讯，上述二人供述在2010年伙同他人先后在兰州市盗窃皮卡车、轿车、微型车14起的犯罪事实。

鉴于该案案情复杂、时间跨度大、分部地域广、涉案人员多，在2011年2月，该案由省厅督办并成立了"2·18"专案组。南锋作为专案组成员，于2011年2月18日在甘南州合作市刑警大队的配合下，在合作市某宾馆内抓获犯罪嫌疑人马某什，查获被盗车1辆。经审讯，马某什供述了自2010年7月至2011年2月伙同他人先后在兰州、定西、张掖、临夏等地盗窃汽车、摩托车20起的犯罪事实。南锋和其他同志在随后的9个月里开展了上网追逃以及追缴被盗车辆的工作。

截至目前，"2·18"专案已破获盗窃汽车案件71起，抓获犯罪嫌疑人30名，其中24名已移送起诉，6名取保候审，追回被盗车辆29辆。在"2·18"专案的侦破中，南锋由于表现突出，受到了领导和同志们的肯定。

回忆起当时的情景，南锋感慨万分。"我记得2011年整年大概有一半的时间都在外地，就为了案子，跑了十万多公里，家里孩子、老人基本上就没法管。所以挺对不起我媳妇的。"南锋的话语间，充满了对家人的歉疚，但他深知，作为警察，当他履行职责与照顾家庭发生冲突时，尽心尽力履职仍然是他唯一的选择。因为除了丈夫、儿子、爸爸的身份之外，他还有一个身份——人民警察。正是因为这个身份，使他必须舍弃很多普通人正常拥有的东西，譬如与家人相处的时间、陪孩子成长的过程……

抽丝剥茧　发现犯罪线索

2012年底，兰州市盗窃汽车案件逐渐高发。同时，兰州市邻近各地市公安机关向反盗车大队通报情况，起亚狮跑越野车、北京现代越野车等车型被盗严重。这引起了兰州市公安局和支队领导的重视，大队针对案件高发情况多次召开案情分析会。

南锋作为分管刑案的副大队长，认真按照大队安排，全天候对盗窃汽车案件跟班作业。案件高发也为发现线索提供了条件，为此，南锋白天勘查现场，晚上加班查看调取的监控，并且查阅以往案卷摸排具有盗车技术的逃犯。经过海量监控分析以及大量的刑侦基础工作，初步确定了盗窃汽车的犯罪嫌疑人居住地域、作案行走路线及其销赃地域。

在此工作的基础上，经大队研究决定，呈请支队和市局使用技术侦查。为缩小侦查范围，南锋加班加点分析电信资料。作为技侦工作的专门联络员，南锋白天出现场联系技侦，晚上继续加班分析数据。通过分析，终于确定了重要犯罪嫌疑人马某东的活动情况，使案件的侦破工作实现重大突破，并且进一步掌握了其他主要犯罪嫌疑人活动情况，为抓捕工作打下了良好的基础。

分析研判　制定最优抓捕方案

当时正值寒冬，多日来，天下大雪，天气寒冷，这段时间也是盗车犯罪分子猖狂之时。反盗车大队针对当时情况及时召开案情研判会议，要利用这个时期展开全力抓捕行动。2012年12月29日18时许，专案组根据线索得知，犯罪分子在临夏一带聚集，准备开车来兰盗窃汽车，大队班子带领专案组全体人员，前往兰临高速路口进行拦截抓捕，专案组人员分别在高速路口的上风100米处、路口及下风200米处布下天罗地网，等待犯罪团伙到来。

考虑到人民群众的生命安全，作为现场第一抓捕组长的南锋三次合理放弃行动，在零下十几度的室外守候多日。在跟踪嫌疑人伺机抓捕的过程中，出于对安全问题以及案件完整性的考虑，作为现场指挥的南锋灵活处置，既没有暴露我方侦查意图，又获取了嫌疑人直观的体貌特征。由于犯罪嫌疑人反侦查能力极强，作案前进行周密预谋，在市区多处于运动状态，大队经研究决定，应前往犯罪分子居住地进行抓捕。

放弃了在兰州的抓捕机会，这就意味着要做更多的工作才能抓到犯罪嫌疑人。于是，从2013年1月1日开始，南锋和专案组全体人员冒着严寒风雪，前往东乡县达板镇进行秘密侦查工作，为了不引起当地居民的注意，南锋和专案组人员一起发扬不怕苦、不怕累的连续作战精神，朝往夜归。由于当地都是本地人开的餐厅，外来人员较少，为做好保密工作，专案组人员不进餐厅，自带开水和方便面等简便生活用品。

在守候十余天后，犯罪分子终于熬不住了，犯罪团伙主要成员终于蠢蠢欲动，准备在东乡县达板街道一旅馆内聚集，反盗车大队全体人员立即在相关地点布阵以待。其中一名犯罪嫌疑人到达旅馆后并未下车，车也没熄火，明显是等旅馆内的同伙上车出发。在这样紧急的情况下，南锋果断决定分组抓捕。抓捕过程中，一组用三辆汽车将犯罪团伙所用的车辆围住，使犯罪嫌疑人丧失抵抗能力后进行抓捕，另一组则进入旅馆抓捕其他嫌疑人。该犯罪团伙的多名主犯最终被抓捕归案。

深挖犯罪事实、连续作战

2013年新年伊始，一个庞大盗窃汽车团伙首次抓捕告捷，落网之中有多名主要犯罪嫌疑人。通过交锋，南锋和同事们发现犯罪嫌疑人作案多年，具有较强的作案经验和反侦查能力，但是专案组人员也已经身经百战，具有相当强的审讯经验。南锋作为审讯总负责人，合理安排审讯搭档，使审讯资源效益最大化。经过大队全体民警的顽强拼搏，战果显著。鉴于案情重大，该案被列为“1·23”专案由省公安厅督办。该案破获盗窃汽车案件125起。南锋作为该案的前线指挥员，并未止步于取得的成绩，而是继续紧盯其余未到案的嫌疑人。

2013年8月17日，兰州市安宁区一夜被盗两辆越野车，南锋马上对未到案的“1·23”逃犯丁某、马某勒的关系人进行梳理，很快发现该二人既是“8·17”的犯罪嫌疑人，又是武威多起盗车案的犯罪嫌疑人。鉴于案情重大，成立“8·17”专案由省公安厅督办。在明确犯罪嫌疑人身份及其活动轨迹的情况下，在临夏警方的大力协助下，南锋于2013年9月初带领专案组人员在临夏州抓获犯罪嫌疑人丁某、马某勒、马某布。经审讯，破获盗车案件34起。根据犯罪嫌疑人交代，全队同志发扬连续作战精神，在短时间内又追回被盗汽车23辆。

在2013年侦破的两起省厅督办的“1·23”“8·17”系列案件中，侦破案件达159起，涉案价值达2000余万元，追回被盗汽车94辆，挽回经济损失1000余万元。该案件的侦破使全省盗窃汽车案件明显降低，受到了各级党委、领导的高度赞扬。《人民公安报》、《兰州晨报》、《兰州晚报》、甘肃省电视台、兰州市电视台对该案多次进行宣传报道。

如今，当南锋谈起那些惊心动魄的盗车大案侦破过程时，他的反应却非常平静。他说的最多的话就是："不是我一个人的功劳，这是全队努力的结果。我们队的每一位侦查员都与我一样，无论多冷、多晚，只要发现线索、发现嫌疑人，蹲守、千里抓捕都是我们分内之事，不是因为别的原因，因为我们是人民警察，是人民的忠诚卫士。"

李晓霞

“我只是尽了一个妈妈的本分”

——记兰州市第三届道德模范“孝老爱亲”白万红

世上所有的感动，感动的永远是局外人。对于一个童心未泯的小孩子来讲，并不懂得感动的真正含义，收获童年的快乐才是他们永恒不变的主题。

15岁的小朋友缪永康在卧室里面玩着爸爸的手机，手机里面的游戏让这个玩心十足的小孩子着了迷。孩子的父亲缪泽文走进卧室把孩子手中的手机给没收了，孩子嬉闹着跑进了另外一间卧室。他准备趁爹妈不在意的时候再打开电脑，继续玩别的游戏。

这个孩子在走路的时候，明显步履蹒跚。孩子的父母毫不掩饰地告诉记者：“我家的孩子患有脑瘫。”这是一个先天不足的孩子，从一出生就遭遇不幸，更加戏剧性的是，孩子的亲生母亲自从生下他之后，就离家出走了。孩子的母亲这一去，再也没有回头，留给这个孩子的是缺失母爱的童年。

这是一个不幸的孩子，同时，这个孩子又是一个幸运的孩子。后来发生的一些事情同样充满戏剧性，让这个不幸的孩子变得幸运起来，甚至“走红”于永登县城。一切的一切，缘于孩子的继母白万红在这个孩子身上倾注的心血，使得这个孩子从缺失母爱的阴影当中完全走出来。近日，记者慕名走访道德模范白万红的家庭，走访了解这一对母子7年来共同演绎的一段人间真情。故事从欢快中开始，又从欢快中归于宁静。

一个“后妈”　多少年没有被人认出来

2007年，缪泽文欢天喜地地把白万红娶进了家门。

这一桩婚事，对于曾经蒙上了一层尘的缪泽文来讲，显得弥足珍贵。老缪一家人高兴地逢人就夸，他家“老尕”娶了一个“心疼”的尕媳妇。但是，对于白万红的娘家来说，白万红的这个选择却叫家里人替她担足了心。

老缪家在农村不说，缪泽文前头的一个媳妇还“跑了路”。这个家庭上面有两位老人，下面还有一个娃娃，白万红一进门，就要给6岁的这个娃娃当“妈”，压在她肩头的担子够沉。

白万红与缪泽文，是通过朋友介绍相识相爱的。爱情有时候也是一味甜蜜素，剥去了甜味后的生活，会不会逐渐地索然寡味起来呢？更何况，面对缪泽文这个复杂的家庭，这日子能不能过下去呢？二十多岁的白万红面色淡然，她对此有所准备。但当6岁的缪永康真正站在她的眼前，由孩子爷爷奶奶哄孩子叫她“妈妈”的时候，这个同样出身农村的质朴女人还是忍不住把头侧向了一边。更令人错愕的是，这个可爱的小孩子是身体比别的小孩子“软”的脑瘫病小孩。

一夜复杂的思想斗争作罢，白万红从床上爬起来，还是把这个孩子从公婆的手中接了过来，她教孩子叫她“妈妈”。

6岁的孩子，啥也不知道。但是从此以后，他知道身边有了一个呵护自己成长的“妈妈”。羸弱的孩子钻进继母的怀抱里，十年时间，无数个日夜，记不清多少次的呵护，白万红用自己的体温焐热了这个真正意义上不属于她的孩子。

缪泽文是一位开大货车的司机，替人打工，出勤一天就挣一天的工钱，养家的责任全在他的身上。而照顾孩子的责任就落在了孩子爷爷、奶奶和新就任妈妈白万红的肩头。起初，溺爱孩子的爷爷奶奶还不肯将这个生活完全不能自理的孩子交给白万红，后来通过耐心观察，才将孩子放心地交到了白万红的手中。

9岁了，孩子到了上学的年龄，为了方便孩子上学，缪泽文全家搬进了永登县城的新家。缪泽文的兄弟姊妹们疼爱这个孩子，隔三岔五地伸出援手来帮助他。这让白万红十分知足，但是自打担任了孩子的“妈妈”以来，谁也不能从她的手中接走她的孩子，不管出于何种善意的理由，这个生活无法自理的孩子似乎成了她生活的全部内容。

永登县回民小学的教工蔡奶奶说，当时，这娘俩在学校里的情形，根本看不出来是“后妈拉娃娃”。小永康在教室里上课，白万红就守候在校园里。每节课下来，白万红就利用课间扶孩子上厕所。老师看见后，让白万红坐在教室后面，陪小永康上课，但是这样会分散别的小孩的上课注意力，还让小永康的“脸上无光”。白万红干脆再也不进教室了，不管多恶劣的天气，都耐心地守候在教室外。蔡奶奶和老伴在回民小学有自己的一个小窝，每逢阴雨天、下雪天，蔡奶奶就将白万红拉进自己的房屋避雨、御寒。蔡奶奶说：“你这个妈当得真称职。”

下课了，教室里面的小孩子们个个像小燕子一样地“飞走”了，只留下小永康一个孤单的“折翅天使”，白万红静静地走进教室，将小永康背在肩膀上，一口气不歇地背回家。她给孩子做可口的饭菜，陪护孩子做康复训练操，还把孩子带到大城市的知名医院里去寻医问药。这都是幕后的努力，小小的永登县城里留下母子俩疲惫的身影，却从来没有留下这母子俩的一声叹息。

孩子越长越大，白万红逐渐背不动小永康了，夫妻俩精挑细选，给小永康准备了一个小轮椅，坐在上面软绵绵的，格外舒服。白万红成天守候在回民小学的校园里，接送小永康按时上学、放学。这一个小小的轮椅，曾是永登县城回民小学校门口的一道风景线，赢来了众多学生家长啧啧的称赞声，但是谁也不曾知道，这位管她叫妈妈的小孩子，和这位管他叫儿子的妈妈，并不是一对亲母子。

这对母子天天从永登县电视台的门口走过，永登电视台的记者看在眼里，也记在心上，终于有一天，永登电视台的镜头对准了这对母子。当永登电视台的记者得知白万红不是小永康的亲生母亲时，白万红拉扯脑瘫儿的新闻才开始在永登县、兰州市乃至全国走红。很多人对此投来钦佩的目光，伸出援手。白万红被永登县“双美活动”评为“美丽永登美丽人”，还被兰州市推选为“兰州好人”和全市“道德模范”。

回归平淡的生活　她与儿子一同分享生活的快乐

白万红在出名之后，顺利地得到了一份工作——永登县特教学校的工勤人员，每天为这些特殊的孩子们做可口的饭菜。

永登县为方便这些特殊少年儿童集中就学，修建了一座永登县特教学校，校园的教学、生活设施齐全。2013年秋季入学的时候，缪永康小朋友顺利地进入了这座学校就读。他与妈妈还是共同生活在一起。2015年，小永康读的是特教学校4年级的课程，这个课程跟社会小学4年级的课程不一样，要简单许多。特教学校的全部课程是九个年级，主要教孩子日常生活自理的能力，还有简单的教学课程和自然学科。学校侧重于孩子们的身体康复训练，开设了相关课程。小永康在这座学校里面就学，身体康复课程由专业的老师辅导完成，这让白万红倍感欣慰。

在这之前，小永康的身体康复训练都在家中进行。家中没有齐全的设备，孩子活动筋骨、甩胳膊蹬腿全靠白万红自己辅助小永康完成，一天背孩子回家后，先给孩子做饭洗衣服，然后扶孩子走路，帮孩子活络筋骨，为孩子擦洗身体，要折腾好几个钟头。现在，这些程序从学校里面就完成了，而且孩子的身体比以前硬朗得多了，小永康扶着墙壁，已经能够走到家中的任何角落。15岁的孩子，呼啦一下子长高一截，身高快跟妈妈的身高一样了。白万红搂着小永康的肩膀给儿子讲道理：“要少玩点游戏多做作业。”小永康调皮地在妈妈怀里撒娇。这一对母子情深，割不断的一个“爱”在房屋中萦绕。

采访白万红之前，记者给白万红打了一个预约电话，白万红很警觉地问记者，是不是又要“上电视”。记者回答说，是文字稿，不上电视，这位“兰州好人”和道德模范才欣然应允了记者的采访。

前一段时间，白万红的丈夫缪泽文在装货的时候，脚趾让货物给砸伤了，这两天只好在家中休息，再过两天，这位膀大腰圆的汉子就要上岗挣钱去了。他是这个家庭里面的顶梁柱，因为孩子被老婆带得太省心了，这位汉子总觉得“啥地方上有点对不住这娘俩”。所以，他干活特别卖力气，为这娘俩多挣一点过日子的钱，让这娘俩的日子过得舒服一些。

白万红的心里倒不是这样想的。她说：“平淡的日子，就这样过着，真好。当初，我们娘俩出名了之后，有很多电视台的记者都来采访了，面对镜头，让我说话，我说不出来。让孩子说话，孩子也说不出来。我没有做什么，我只是尽了一个妈妈的本分，我的孩子是一个寻常的孩子，我不想让他在这么小的年纪就背负那么多额外的‘负担’。”

“有时候，走在路上，有人会讨论我，我知道他们是在夸赞我，但是，我还是觉得不自然。”“有时候，我跟我的孩子路过，大人们在孩子面前说我的好话，但是，我不想让我的孩子了解事情的全部过程。对于我的孩子，只要他快乐成长就够了。我把他带到哪一天，都是我们娘俩在这世上的一场缘分。”白万红说。

聊了半天，笔者提议给这个快乐的家庭合拍一张照片。缪泽文喊了半天，小永康忸怩着就是不肯出来。这个小家伙很怵镜头。他说话比别人慢，形象没有别的小朋友们帅，小家伙爱待在小屋子里面，不爱抛头露面。

在白万红家的橱柜上，摆放着小永康小时候的一张照片，小家伙虎头虎脑的，是个可爱的孩子。白万红也借此说道：“儿子，出来，让叔叔给你照一张和相框里面一样的帅相片。”

白万红轻声地呼唤着小永康的名字，小永康就从自己的房子里面顺从地走了出来。他笑得满脸通红，依偎在妈妈的身边，调皮地跟她妈妈打闹。缪泽文轻轻地抚弄着孩子的头说：“我们三个人照一张相。”小永康用手故意推搡缪泽文，缪泽文调侃地说道：“光想跟你妈照相，我就跟你们不照了。”小永康又用自己的小手使劲拽缪泽文，然后在他们的怀中尽情地打闹。记者按下快门，给这幸福的一家人拍了一张合照。

小永康长大了，不像以前那样听话了，做一些事情的时候少不了妈妈的监督。他贪玩，爸爸妈妈的手机拿在手里，各种游戏都玩得得心应手，就是不好好学习。就这点，白万红没少操心，她假装生气，小永康就依偎在妈妈的怀中撒娇，哄她开心，纵容他玩耍。这个孩子不爱说话，只是笑嘻嘻地往白万红的身上靠。白万红爱抚着儿子的头，孩子在妈妈的怀抱里就安静了。这个可爱的孩子心里其实什么都知道。“我把他从小带大，带得有多不容易，他都知道。我家的孩子很懂事，”白万红说，“他从电视上看了许多孝敬父母的故事，搂着我们的脖子给我们讲呢，讲得可好了，就是我的孩子身体软，没法做，有时候都着急得摔倒了，可乖了。”

图20　白万红一家

我们面前的白万红，可以拿漂亮两个字来形容，打扮得很时髦。身边的人都说，她走到哪里都看不出来是家庭主妇。采访当天，她的一位朋友在永登县医院做小手术，她在医院里陪护着这位同伴。自从孩子的生活自理能力逐日提升之后，这位同样爱美的女人的生活也逐步恢复了正常。她与同伴们相约，享受着多彩的生活，大大方方地把小永康带到她们游玩的野外、商场等地，让她的儿子跟她一样分享生活的快乐。“我的孩子，在我的眼中，没有与别人的孩子不同的地方。别人阅读我们的故事，只有我读懂我儿子的快乐。”白万红说。

张旭永

用诚信打造良心企业

——记兰州市第三届道德模范"诚实守信"秦文生

诚实守信是中华民族的传统美德，也是做人不可缺少的优良品质。诚实，就是忠诚老实；守信，就是讲信用，忠实于自己承担的义务。"言必信，行必果""一言既出，驷马难追"，这些流传了千百年的古语，都形象地表达了中华民族诚实守信的品质。多年来，兰州鑫银环橡塑制品有限公司总经理秦文生就一直坚持实践着这些哲理。

自2009年创建公司以来，秦文生坚持以人为本，着力构建和谐劳动关系和互惠互利的营销关系，关心职工、善待职工，职工也热爱企业、关心企业，公司经济效益和社会效益得到了全面实现。诚是内在品质，信是外在反馈。秦文生凭借诚实守信带领企业不断前进，也以诚实守信获得了事业的成功。

诚实守信　赢得企业荣誉

农膜，是重要的农业生产资料之一。作为典型的干旱半干旱地区，甘肃省早在20个世纪80年代初期就开始推广应用农膜，90年代得到全面普及，近十年来有了长足发展，地膜覆盖面积在全国名列第二，仅次于新疆。2013年，甘肃省各类农作物地膜覆盖面积达2663万亩，地膜使用总量达15.2万吨，为促进粮食增产发挥了积极作用，也孕育了农膜市场巨大的商机。

在甘肃省，由于大面积推广地膜粮食工程，因而产生了巨大的农膜消费市场，也因此带动了农膜工业的迅速发展，大大小小的农膜生产企业达数十家，农膜产品市场竞争十分激烈。自2009年兰州鑫银环橡塑制品有限公司创建以来，秦文生坚持诚实守信、以人为本的原则，依靠诚信的经营理念和过硬的产品质量，率领企业在农膜工业中脱颖而出。在激烈的市场竞争中，兰州鑫银环橡塑制品有限公司生产的农膜能连续多年在政府采购中夺标，在市场竞争中取得先机。

如今，经过五年多的发展，兰州鑫银环橡塑制品有限公司已成为一家专业生产农用地膜和棚膜的企业，公司技术力量过硬、生产工艺先进、检测设备齐全、管理科学、产品规格品种齐全繁多。公司生产的产品各项性能指标均严格按照GB13735-92、DB62/2443-2013标准执行，所有产品均已通过省部级鉴定，达到国内、国际同类产品的领先水平，产品销往新疆、内蒙古、云南、西藏、宁夏、青海、甘肃等地。产品均实行“三包”制度，为确保每件产品的及时性和有效性，公司在每个销售区域都设立了售后服务中心。

兰州鑫银环橡塑制品有限公司于2010—2014年连续在甘肃省、青海省、陕西省、新疆、内蒙古等省级政府农膜采购中，多次成功中标，并与多个市县州级农膜项目都有很好的合作和服务，公司产品多次在省级行业评比中名列前茅，得到广大用户的肯定和青睐。公司是甘肃省农业技术推广协会理事单位，是甘肃省用户三满意企业、中国应用塑料技术协会会员单位、农用地膜协会会员单位，被工商行政管理局连续四年授予“重合同、守信用”企业，被兰州市消费者协会评为“诚信单位”，“宝庄”牌农膜被评为“中国著名品牌”。

做良心企业　严把产品质量关

作为保证农业稳产、高产的重要技术手段，地膜栽培技术使粮食总产量实现了大丰收。但与此同时，随之带来的农田“白色污染”问题也日益突出。造成“白色污染”的主要原因之一，就是大量使用超薄地膜。超薄地膜老化快、易破碎，人工捡拾清理或机械捡拾均十分困难。由于很难回收，只能任其埋在地下，而多年来埋入地下的残膜碎屑，更是没有办法清理，成为农田的永久垃圾。

由于农膜是按照重量出售，同样是一公斤的农膜，膜越薄，铺的地块面积就越大，反之就小。因此对于农民来说，使用的地膜越薄，成本就越低。一些企业利用农民“贪便宜”的心理，在市场上出售超薄地膜，最终导致了因回收难而严重污染耕地的情况。农田残留地膜会破坏土壤结构，降低耕地质量，还会影响出苗率，造成减产等。由于土壤中残膜的存在，土壤孔隙度、通透性降低，土壤空气的循环和交换受到抑制，直接影响土壤的水分、养分的供应，还可能造成土地盐碱化。

作为一个生产型企业的负责人，秦文生深深明白，对于企业而言，质量就是决定企业生死的命脉。因此，自2009年创建公司以来，秦文生本着“做良心企业，老百姓放心品牌”的理念，严格按ISO9001：2008质量管理体系、ISO14001：2004环境管理体系要求进行企业生产运行，从采购原材料的源头到产品的形成，经历多道工序历练，层层把关，关关死扣标准。为了严把原料入厂关，秦文生经常带领员工对入厂原料进行抽检，从源头上把控产品的质量。每批采购的全新原料都要求挑选最优质的，所有生产设备都是数字控制的，检测仪器齐全先进，专职质检员对每件产品都要进行精心的检验，有自己专业的装卸队伍，装卸及运输过程中对每件产品都要进行有效的防护，保证每件产品到客户手中完好无损，坚决保证产品出厂合格率达到100%。生产车间劳动强度较大，加之生产设备有时会出现这样或那样的问题，造成了在生产过程中总会有一些不合格的瑕疵品出现。秦文生经常带领员工对每一批次的产品进行抽检，发现不合格产品，坚决做废品处理，不予出厂。

每一件做废品处理的瑕疵产品，对于企业来说，都是一笔损失。秦文生并没有因为惧怕损失而放任瑕疵品出厂，坚决执行“出厂合格率100%”这一企业政策，这正是他诚信经营的体现。就这样，依靠过硬的产品质量和诚实守信的经营理念，兰州鑫银环橡塑制品有限公司生产的农膜产品，获得了广大客户的一致认可。与此同时，公司也在同行中赢得了良好的声誉。

图21　秦文生在厂里

诚实履约　信守合同信用

秦文生自兰州鑫银环橡塑制品有限公司成立伊始，就始终把商业信誉放在首位，认真贯彻执行合同法和相关法律法规，坚持信用至上的经营理念，提出“守合同、重信用”是企业发展的原动力。在实际工作中，他始终依法签订和履行合同，自觉维护双方当事人的合法权益，建立健全公司合同信用管理制度，坚持不懈地抓合同法等相关法律法规的学习、宣传培训工作，培养和加强员工依法守信的观念，加强合同管理，没有发生违法违纪行为和不良记录。

在2013年10月8日，兰州鑫银环橡塑制品有限公司通过参与招投标活动，与甘肃省农业技术推广总站签订了供货合同，将1200吨产品供往白银市会宁县、靖远县及平川区。此次合作供货时间紧，每天都需将35吨左右产品发往所需地各乡政府，生产任务非常重，加之在那段时间，生产原材料的价格涨幅很大，如果按照合同价供货必然会亏本。但是秦文生并没有因为这些客观原因而拖延供货时间或是以价格为由拒不供货。因为他始终认为，合同便是承诺，而承诺则高于一切，一个企业如果不重视承诺，那就是对自己的未来不负责，这样的企业必将被市场淘汰。

正是基于这样的理念，秦文生顶着亏损的风险，带领企业全体员工日夜奋战，最终按照合同约定的价格与日期保质保量地供货，支持了政府对于贫困地区的帮扶支援工作，同时也用自己的实际行动，守护了自己对于合同、对于信誉的承诺。

不仅如此，为了更好地完成订单，在安排好厂内的生产后，秦文生又亲自带人赶赴供货地点，督促每日的到货情况，并现场与当地农户沟通到货和分派问题，得到了当地老百姓的一致好评。

虽然，此次供货最终给秦文生的企业带来了近80万元的亏损，但是他并没有后悔。用他自己的话说：眼前的利益只是蝇头小利，而企业的信誉才是细水长流的大利，一个企业如果真真正正能做到诚实守信，何愁订单不来？何愁不能发展？

后来很多客户听说此事后，纷纷对秦文生说："秦总，我真是服你了，跟你做生意我们心里面踏实。"秦文生说："听到这样的话，我觉得我这样做很值！宁可自己吃亏，也不能失了诚信。"诚实守信让秦文生带领企业赢得了广大客户的信赖，也让与他有生意往来的客商对他刮目相看。

关心员工生活　深受员工敬重

作为一个民营企业的管理者，秦文生将大部分时间花在了厂里，花在了生产第一线上。不管是清晨还是日暮，都能在厂里看到秦文生忙碌的身影，对机械设备认真调试，对产品质量进行检查，了解员工的工作情况……一有空闲，秦文生就读一些关于经济类的书籍。他深深明白，要真正当好企业的领头人，就必须在完成日常工作的同时，抓紧时间学习知识，进一步充实自己。

秦文生对自己的员工一贯以诚相待，始终坚持“无论企业遇到任何困难，员工的工资只升不降”的承诺。他常说：企业再苦也不能苦了生产一线的工人，一线工人不仅掌握着产品的生产过程，更重要的是还把控着产品的质量，产品质量直接关系到企业的生死存亡。

生产车间劳动强度较大，工人们比较辛苦，为了增强员工的工作积极性，秦文生为员工提供比较有竞争力的薪酬待遇与良好的福利保障。与此同时，秦文生还经常下车间了解工人的工作情况，并到员工宿舍深入了解员工的日常生活需求，不时到公司食堂了解员工的伙食情况。到了周末，他经常自己出钱让食堂的厨师做些好菜，给员工改善伙食。如果员工家里有什么困难，秦文生总能尽最大努力及时给予帮助。在兰州鑫银环橡塑制品有限公司工作的老员工，几乎每个人都知道“老总”秦文生是个热心人。比如：哪个员工要结婚，秦文生会提前帮着把婚车和宴席酒店安排好；哪个员工的家人有病了，他就会帮着联系医院，只要能够抽出时间，他一定会亲自前去看望。

秦文生的一举一动，让员工感到家的温暖。他的为人，让员工感到敬佩。在日常工作中，每个员工都能做好自己的本职工作。也正是因为这样，秦文生对于产品质量孜孜不倦的严格要求，并没有使得员工产生抵触情绪。员工对于他的敬重，使得每位员工都能自觉地配合他的工作。就一个企业而言，诚实守信并不是一两个人能够完成的工作，它需要整个集体共同的努力才可以做到。秦文生从生活中的点点滴滴做起，慢慢地以潜移默化的方式，将诚实守信这一理念灌输到每一位员工的心中，使得“诚实守信”这四个字不仅仅停留在嘴边，而是真正地落实到工作中去。

实事求是　坚持做诚实人

在日常的经营过程中，秦文生是一个有一说一、实事求是、诚实守信的“刻板”人，他经常告诉企业员工的一句话是：“诚实守信是做人的首要准则，在工作面前，不要跟我套交情，我绝不徇私。”他始终以“说老实话、做老实人”为日常行为准则，遇到原则问题绝不退让。他严格按照各项规章制度要求企业的员工们，并以身作则，从严格要求自己做起。他坚持实事求是的基本准则，做到处事真实公正。他坚持严管理、重教育、重德育的管理理念，始终做到以良好的形象示人、以高尚的人格感人、以健全的制度服人，探寻出了一条行之有效的管理道路，对企业员工给予真诚的关心和帮助、信任和理解，使员工们在工作中能始终牢记诚实守信这一原则。

榜样的力量是无穷的，秦文生在日常工作和生活中诚实守信、说一不二的行为，深深地影响着每一位员工。在他的带动下，所有员工都以诚实做人、实事求是为自己工作的行为准则，确保每一件出自自己之手的产品都能使人放心、令人满意。这正是秦文生所追求的：一个人的诚实守信不算什么，一个企业的诚实守信才是真正的效益。无论是做人还是做事，都离不开诚实守信的基本原则。诚信，是道德规范的重要内容，是做人之本、办事之根。人若有诚信，萍水相逢的陌生人也会肃然起敬。诚实，才能互信；守信，才能共同发展。

“路茫茫其修远兮，吾将上下而求索。”面对未来市场新的需求与更高的要求，秦文生正不断思索、不断求新、不断开拓。秦文生作为一位民营企业的管理者，将“诚实守信”四个字真正地落在了实处。他最常说的一句话就是：“做人要踏踏实实，做事要诚实守信，无论做什么，我觉得都要对得起自己的良心。”尽管不是什么豪言壮语，但掷地有声的话语却彰显了他纯朴、真诚、坦荡的人格。

李晓霞